NCENT CARLIER

Souvenirs d'une
période électorale
à SALENTE

est la faute à Ferrier !

LETTRE PRÉFACE

DU Dr FLAISSIÈRES

Ancien Maire de Marseille

❋

MARSEILLE
Bureaux du Journal LA JOURNÉE
2, rue Chevalier-Roze
1903

VINCENT CARLIER

Souvenirs d'une
période électorale
à SALENTE

C'est la faute à Ferrier !

LETTRE PRÉFACE

Du Dʳ FLAISSIÈRES

Ancien Maire de Marseille

MARSEILLE

Bureaux du Journal LA JOURNÉE

2, rue Chevalier-Roze

1903

Marseille, décembre 1902.

Mon cher Vincent Carlier,

J'ai relu, réunis en un précieux fascicule les arti-
cles publiés naguère par la courageuse feuille socia-
liste « La Journée » et que vous vous disposez à
éditer.

Bien plus instructive, bien plus fructueuse cette
deuxième lecture ! Elle permet de goûter avec plus
de charme et l'élégante originalité de la forme et la
philosophie profonde du fond de votre travail.

Vous avez su donner un tour archaïque et combien
séduisant à cette étude prise sur le vif !

Ces heures, vécues en ces derniers temps, tantôt
douloureuses, tantôt attristantes, votre plume habile
les a transportées à des siècles en arrière, votre imagination brillante, nous les fait revivre dans l'atté-
nuation, l'apaisement du lointain.

Vos personnages débordent de mouvement et de
vie, grâce au merveilleux talent d'observation et d'a-
nalyse avec lequel vous les avez dessinés. Chacun
d'eux se voit déterminé de façon rigoureusement sûre
par tel ou tel trait de son être physique ou moral.

Vous n'avez pas été irrémédiablement méchant
pour vos adversaires, vous avez été certainement
trop bienveillant pour vos amis.

Votre excuse, mon cher Carlier, découlera toute naturelle de l'esprit qui anime, qui domine votre œuvre, qui peint votre grand cœur lui-même.

Votre Cemplis, est un doux philosophe. Il croit l'humanité susceptible d'un infini perfectionnement dans une infinie évolution.

La méchanceté des hommes, leur ignorance lui apparaissent simplement comme des défauts passagers, curables de l'humanité elle-même et dont il ne faut pas rendre exclusivement responsables les individus pour les condamner ou les punir.

Votre Cemplis, croit à l'avènement inéluctable de la vérité et de la justice.....

Votre Cemplis, hypnotisé par cette double auréole, fait appel aux seuls sentiments de désintéressement, de loyauté, de bonté qui rendront plus douce et plus courte, la route vers le resplendissant idéal !...

Merci, mon cher Carlier, d'avoir créé votre Cemplis, vous nous avez ainsi montré le Devoir !

Bien cordialement à vous.

Dr FLAISSIÈRES.

C'EST LA FAUTE A FERRIER !

La scène se passe à Salente

Depuis longtemps M. Ferrier administre la jolie ville de Salente. Salente ceinturée par ses collines rocailleuses, aux profils pas méchants et fleurant fort la verveine, la farigoule et le romarin. Salente avec ses digues baignées par les vagues, ses forteresses anciennes si peu dangereuses, placées à l'entrée du port pour le défendre (autrefois), laisées en place, parce que... elles font bien, dans l'émeraude d'un mer changeante et ensoleillée. Salente, avec ses coteaux et ses vallons boisés de pins, obliquant vers la mer leurs troncs rigides sous l'éventail de leur verdure ; avec ses cabanons coquets, d'où s'échappent les cris et les bruits, d'une gaité un peu grosse, un peu débordante, mais si bonne enfant · Salente avec sa corniche fameuse, sa cathédrale bébête mais riche ; sa vierge dorée, au sommet de la colline, surmontant l'œuvre d'un siècle sans foi l'église pompeuse d'une Notre-Dame de la Garde, à la porte et aux pieds de laquelle on commerce sans vergogne !

Salente est en effervescence, M. Ferrier, le maire respecté, aimé, mais un peu trop opposé aux entreprises de certains Salentais, M. Ferrier après un échec dans l'arène politique, a abandonné son poste de premier magistrat du municipe.

Rien n'obligeait M. Ferrier à faire ce sacrifice, sinon l'honneur politique, le souci des devoirs du mandataire, résolu à consulter à nouveau ses mandants, dans le doute d'avoir perdu leur confiance.

Au cercle Beau-Site, le plus imporant cercle politique de Salente, on est partisan des républiques. On estime, on aime, on défend Ferrier depuis ses débuts au municipe. On se prépare à la lutte... par

d'interminables discussions sur les moyens, la tacti-
que politiques. On apprécie durement la conduite de
quelques membres du cercle qui insensiblement comme ce pauvre Guyonnas — péchère — se sont laissés
entraîner dans le camp des Césars.

Quelques unes de ces brebis égarées, Chaniito,
Peytrio, Bodio, etc., sont selon les tempéraments
blâmés ou maudits, plaints ou vilipendiés !

Les uns veulent leur renvoyer des délégations, afin
de les ramener au bercail républicain : d'autres pro-
posent des motions cinglantes, virulentes. vengeres-
ses, dans l'ombre, un enragé parle de (Cemplis, membre de Beau-Site, n'a pas compris !) leur faire la peau

Que sortira-t-il de cette effervescence ? L'oreille
perçoit dans les petits groupes, dans le mezza voce
mystérieux des coins sombres : « Canaille, bon garçon
si ! non ! renégat ! etc. »

Nous sommes à Salente, au pays du soleil et des
exagérations. Quelques-uns, pourtant, s'isolent,
dans cette cacophonie de pensées et de mots. Retirés
dans l'embrasure d'une baie vitrée, ils analysent les
raisons pour lesquelles ces amis d'hier se sont trans-
formés en ennemis, presque irréconciliables. Ce sont
les fortes têtes de Beau-Site ! Les chefs de file !!!

Marius Cabassol, Baptistin Pinatio, Cemplis, Kergno, réunis en cercle, mi-partie sur le balcon, mi-
partie dans la salle.

Ils aperçoivent à leurs pieds, le vieux Lacidyon
diamenté par les petites vagues phosphorescentes et le
reflet des étoiles. Soir d'une longue journée embrasée
un léger mistral, embaumé des senteurs marines,
rafraîchit l'air parfumé. Il fait... bon ! L'heure est
proprice aux abandons. Les dissimulations com-
merciales du jour ne sont pas de mise. Entre amis,
devant le moka glacé, apporté par Jano, le sommelier
du cercle ; à Beau-Site sous le ciel bruni, piqué de
diamants, les âmes s'épanchent, vraies ! Presque
pures !!

Marius Cabassol (*pontifiant un peu*). — Mes
amis, le cercle Beau-Site ne peut plus rester muet
devant la situation.....

Baptistin Pinatio (*réjoui-bontemps. accompli,
cynique mais bon garçon, à la façon salentaise.
Collègue ! ! ?? Exprime clair, ce que chacun garde
au plus profond de son moi, ou dissimule sous
les déclarations de principes, la vérité ! ! !*). —

— Rester muets !... Alors ?... Qué novi ? Plus salentais alors ! (*Il commence le rire, afin d'entraîner celui de ses amis. Tous rient. Pinatio est satisfait.*)

Marius Cabassol. — Allons, sois sérieux, Pinatio, c'est grave !

Cemplis. — Grave, au point qu'à la fédération
des cercles républicains de Salente, le cercle Beau-
Site, à l'instigation sourde du démagogue Kadnotti et du politicien Névito, a failli ne pas être
admis au dernier consistorium. Fort heureusement, la plupart de nos amis politiques ont compris que le reproche adressé à Beau-Site n'était
qu'un prétexte.

Kergno (*sec, nerveux, pessimiste, tout d'une
pièce et cependant perspicace et observateur*). —
Ils ont raison... On doit être pour ou contre les républiques.

Cemplis. — Les républicains doivent répudier
les partisans des Césars dans les consistorium politiques.

Pinatio. — Alors tu approuves Névito ?

Cemplis. — Névito déteste le cercle Beau-Site.
C'est un ennemi de Ferrier, dont il convoite l'é-
charpe au municipe, avec son compère Kadnotti
ils ne manquent pas de mordre Ferrier et ses
amis. C'est à nous de ne pas prêter le flanc.....

Pinatio (*goguenard, l'œil allumé*). — Prêter le
flanc ? ?... Allons, allons Cemplis, ne dis pas ça...
voyons !... Prêter son flanc ! Ah ! ah ! ah ! cent
sous, oui ! et encore, mais son flanc...

Cemplis (*homme du Nord, établi depuis quelques années à Salente, ne s'est pas assimilé la lan-
gue un peu spéciale du terroir salentais, son esprit lourd, sa bonne foi pataude, son caractère sérieux, appliqué, ne lui permettent pas de chevau-
cher ainsi, du sévère au plaisant ; de la blague au*

sérieux. Un peu vexé, par ces interruptions.) — Allons, parlons-nous sérieusement ?

PINATIO *(dans un dernier accès de rire).* — Je te crois que c'est sérieux ces choses-là !

KERGNO *(reprend la pensée de son ami Cemplis).* — Au cercle Beau-Site il faut prendre un parti. On sait combien je suis désireux d'unir toutes les fractions de notre parti politique, afin de garder le municipe salentais aux républiques. Mais au nom des Dieux.

CABASSOL. — Ah ! Kergno ! Kergno ! laissons les Dieux !

KERGNO *(un peu douché par l'amicale interruption de Cabassol, avec plus de calme).* — Je crois Chanito perdu, irrévocablement perdu pour le parti républicain. C'est dommage, c'était une valeur !

CEMPLIS. — Chanito accuse Ferrier d'avoir voulu nuire à son élection au conseil de province l'année dernière. Pour Chanito, c'est la faute à Ferrier. *(Sourires de Pinatio, il fait un signe à Cabassol, celui-ci répond par un clignement d'yeux)* si cet entêté de Bozio s'est porté contre lui. Par représailles, toujours vindicatif, Chanito s'unit au parti des Césars et avec l'appui de l'invraisemblable Louko, le délégué du pouvoir central, il espère démolir Ferrier et prendre sa place au municipe. Pour assouvir ses colères injustes, ses ambitions personnelles, Chanito, livre Salente au parti césarien, il tourne le dos...

PINATIO *(interrompt avec une joyeuse indignation).* — Allons, allons, Cemplis, encore ! *(les autres comprennent bien que Pinatio veut souligner une grasse plaisanterie, mais jouissant plus à l'audition des observations sérieuses de Cemplis, qu'au renouvellement trop rapproché d'une galéjade entendue déjà ils ne bronchent pas. Pinatio voyant que... ça ne prend pas, remplace immédia-*

tement sur son visage mobile le rire préparé par l'attention la plus vive). Continue.

CEMPLIS *continue.* — Il tourne le dos à ses anciens amis. Vous connaissez Chanito depuis longtemps, c'est un bon Salentais, mais ses rages le rendent fou, impossible.

CABASSOL. — Vous rappelez-vous les coups de poing que par derrière, il appliqua au pauvre Carianno *(triste, se rappelant de vieux souvenirs).* Ah ! Cemplis, vous avez raison, Chanito est bien perdu pour ses anciens amis. Il renie son passé ! Il hait Ferrier, dont il était l'intime, qu'il admirait hier... *(Plus triste encore)* Comme on change ! *(Les regrets de Cabassol semblent passer dans les cœurs de tous. Le moka glacé s'absorbe lentement... avec les regrets !)*

PINATIO *(gagné par de mélancoliques souvenirs).* — Pauvre Chanito ! en arriver là !

CEMPLIS *(solennel).* — Chanito est un impulsif. La colère est une mauvaise conseillère, elle entraîne...

PINATIO *à Kergno et Cabassol riant d'avance à ce qu'il va dire* — Il y en a qui ne savent pas se mettre en colère. Tiens, Cemplis ! Ici, à la manille, toutes les cinq minutes nous sommes furieux, enragés ! Des lions ! ! Des Teurs ! ! ! *(Cemplis sourit avec Cabassol et Kergno).* Cinq minutes après... plus rien ! ren, ren ! *(après un silence).* Ça t'épate ça, hein ?

KERGNO. — Parbleu ! Cemplis ne connaît pas l'emballement à froid. C'est une chose inconnue dans son pays.

PINATIO. — Nous, à Salente, toutes les cinq minutes, zou, en colère ! Eh allez donc ! Ça nous permet, à nous autres, d'être terribles... sans danger pour notre santé. *(Il écarquille ses yeux jouisseurs, satisfait de communiquer la gaîté autour de lui !)*

KERGNO (*pratique*). — Si Chanito n'avait eu que ce genre de colère, à l'égard de Ferrier, nous n'en serions pas à discuter son expulsion.

CABASSOL. — Expulser. Oh ! Même Chanito... ça...

KERGNO. — Retirons expulser, mettez départ du cercle.

CABASSOL. — Il faut prendre un parti. Dans notre réunion prochaine, nous serons interpellés à l'égard des anciens républicains passsés dans le camp des Césars. Le plus grand nombre désire l'expulsion de Chanito, de Peytris et de Bodio.

CEMPLIS, KERGNIO, PINATIO *protestent*. — Oh ! Bodio !

> (Ils regardent dans la sale du cercle, Bodio, tranquillement assis à une table les cartes à la main faisant !... son éternelle manille. Bodio, le plus ancien porte-faix du port de Salente. Sa bonne figure placide, aux rides profondes au teint halé, rougi, tanné par les coups répétés du mistral et le plomb du soleil ardent tombant sur les quais de Salente ! Bodio, leur plus ancien ami, un des plus vieux du **vieux** cercle Beau-Site ! Bodio, qui en l'an 70, à la fameuse révoluion contre les Césars, faillit être déporté, fusillé même !

CABASSOL, *bon enfant les larmes aux yeux*. — Bodio ! ! Regardez-moi ce qu'il s'en fiche des Césars ! Regardez-le ! Que diable allait-il faire dans le camp des Césars, lui ! Lui, Bodio ! Appelons-le... (*criant*) Eh Bodio, viens ici !

BODIO, *sans lever la tête, sans interrompre sa partie de cartes*. — Hein ?

CABASSOL. — Allons viens, va ! Dépêche-toi. (*Bodio ne bouge pas. Cabassol s'adresse à Pinatio, Kergno et Cemplis*). Pour Chanito et Peytrio nous ne pourrons pas empêcher l'assemblée de les frapper. Ils sont devenus des chefs politiques dans le parti des Césars. Tous nos amis républicains savent qu'ils ont trahi les républiques. Leur présence à Beau-Site servira nos adversaires. Ils ne sont plus .possibles. *(attristé)*. Pauvres vieux amis ! — *(se reprenant)...* Anciens amis !... *(ses yeux se portent machinalement sur Bodio qui continue, imperturbable, sa partie de cartes)*. Regardez-moi, Bodio, il n'a pas l'air de se douter de ce qui se passe. Si on l'expulsait, lui aussi, pourtant ! Où ferait-il sa partie de cartes, où irait-il sans Beau-Site ? Pauvre Bodio... Mais regardez-moi cet animal ! Bodio partisan des Césars... c'est trop fort ! *(criant)* Allons, Bodio, arrive, voyons !

BODIO. — Va ben, va ben ! *(Il avance sa bonne grosse figure ratatinée couleur brique, aucun remords, aucune crainte ne se manifeste sur ce visage placide.*

PINATIO. — Force pas, Bodio. Si tu défends ton Chanito avec cette énergie, il n'a pas encore l'écharpe de Ferrier !

BODIO *(sans vouloir entendre, s'asseyant près d'eux)*. — Qu'est-ce qu'il y a ?

CABASSOL. — Il y a, mon pauvre Bodio, qu'il n'y a plus moyen de garder au cercle Beau Site ceux qui, membres du cercle, ont signé la proclamation du parti des Césars. *(Bodio ne bronche pas ceci n'a pas l'air de le concerner, Cabassol continue)*. Nous avons, à Beau-Site, toujours défendu les républiques, nous nous séparerons de Chanito, de Peytrio et... *(hésitant)* de toi, mon pauvre Bodio. Nous y sommes obligés, car tu as signé avec eux la proclamation au groupe Martinus.

La Vierge de la Garde, dansant sur son socle doré un cancan échevelé ; la vue... certaine de la fameuse sardine bouchant le port de Salente ; Pinatio, triste ; Kergno et Cemplis gais, tout aurait semblé possible à Bodio... Mais être séparé de Beau-Site, ne plus s'asseoir à cette place, sur le balcon où Jano vient lui verser l'hydromel glacé et lui faire, avec des soins minutieux, son apéritif habituel... non, cela, jamais !!!

Aussi, la stupéfaction descendant dans son cerveau ankylosé, se peint de si drôle façon sur le bon visage sillonné, haché de rides, que ses amis, suivent, amusés, ces changements. Les yeux s'ouvrent démesurément ; les sourcils rapprochés noirs et drus, en accents circonflexes terribles ; les lèvres lippues, s'arrondissent énormes, en cul de poule énorme, au fond duquel les dents encore blanches, brillent de leur émail intact. Tout, peint la stupéfaction en traits inouïs et intenses. Cemplis non dénué de sens observateur, comprit pour la première fois, l'exagération des latins l'instinctives mise en scène pour chacun de leurs actes.

Il lui semblait, que Bodio, vraiment touché, frappé, par la menace de Cabassol, voulait à son tour, toucher, frapper ses interlocuteurs. Ce long silence animé ; les expressions de colère, de surprise, de menace qui se succédaient sur le faciès de Bodio, lui semblèrent la préparation d'un...effet ! Et Cemplis ne se trompait pas.

A ce silence, un cri succéda ! Un cri formidable !.. Le tigre dans sa jungle, se précipitant sur sa proie effrayée, en doit pousser de semblables ! Moné-Suli, qui de sa voix puissante fait trembler le lustres et leurs pendantifs dans le théâtre clos. en pousse de semblables, dans les noires tragédies ! Le lion en rut, à la recherche de sa femelle excitée, doit, dans la brousse, pousser des rugissements semblables ! Semblables devaient être les foudres de Jupiter en colère, tonnant dans l'olympe alarmé !!!

Tout en fut ébranlé dans le cercle Beau-Site. Les vitres vibrèrent dans leurs cadres, le plancher résonna longtemps, le pendule s'arrêta dans sa course! Seuls les salentais membres de Beau-Site, assis à la table de manille, ne bougèrent point sous le choc des ondes sonores. Seuls, Pinalio, Cabassol : Kergno, restèrent impertubables sous l'œil et l'accent circonflexe courroucés d Bodio ! Cemplis, recula et s'applatit contre la muraille, sous le médaillon en plâtre peint du célèbre orateur Gambetus !

Mais le pauvre homme du Nord n'était pas arrivé à la fin de ses craintes ! Bodio, après avoir rugi de la sorte, saisit une chaise de sa grosse main potelée (un *petit regard, imperceptible lui fit juger l'space dans lequel il pouvait agir sans rien casser. Bodio brandit cette arme sur Cabassol, Kergno et Pinalio : Cemplis était trop loin, il avait reculé !*), les yeux en boules, injectés, la bouche torturée par un rictus affreux de colère affolée, les narines palpitantes, les dents serrées

la poitrine haletante, sifflante. rejetée un peu en arrière dans une attitude de combat, véritable statue de
colère, dans le paroxisme de son effort, Bodio res-
ta... formidable ! ! !

Cemplis ferma les yeux, le sang s'arrêta dans ses
veines : la muraille le soutint !

Cabassol, Pinatio, Kergno supportèrent, sans la
moindre apparence de crainte, l'avalanche sonore des
rugissements, le geste brandissant et terrible de Bodio.

Pinatio, chose inouïe. le regardait étrangement, a-
vec un léger sourire admiratif et semblait dire : « Tu
es beau, va ! » Cabassol lançait quelques bouffées de
plus, tirées sans fébrilité de sa pipe en écume. Kergno,
les jambes maigres croisées, tournant ses pouces sur
ses genoux osseux, semblait tranquillement attendre
les explications pour y répondre victorieusement.

BODIO (*abaissant la chaise avec violence et
bruit*). — Assez malheureux, assez ! Ou vous n'a-
vez plus qu'un cadavre !

CABASSOL (*calme et calmeur*). — Allons, Bodio !

BODIO. — Assez, vous dis-je, assez !

PINATIO (*protestant*). — Enfin, laisse-nous te parler.

BODIO (*énergiquement*). — Non !

CABASSOL, PINATIO, KERGNO (*se levant, colères à
leur tour, mais dans une proportion moindre,
Cemplis ouvre les yeux et voyant à terre la chaise
intacte, se raprpoche. Il regarde Bodio, étonné.*)

CABASSOL. — Ah ! par exemple, c'est lui qui va
vous faire taire. Mon vieux Bodio, tu as un cu-
lot !... Comment, tu vas défendre les Césars au
comité Martinus... tu...

BODIO (*l'interrompant*). — C'est pas vrai ! j'ail-
lais voir mon vieux collègue Videllus, qui devait
être candidat. J'ai toujours été républicain, moi !
Ils ont pris mon nom, ils en ont fait ce qu'ils ont
voulu, c'est leur affaire. C'est pas la mienne ! J'ai
été là pour mon collègue Videllus et voilà tout !
Maintenant, faites de moi ce que vous voudrez !

TOUS. — Ah !

PINATIO. — Fallait le dire. On s'explique.

BODIO. — Oui, mais si vous voulez m'exclure, je reviendrai.

TOUS. — Oh !

BODIO (*hachant, scandant les mots de signes énergiques, de gestes énormes*). — Oui ! Mais si vous faites cela... moi je ferai ce que je veux... Je vous dis en toute conscience, si vous me foutez dehors, vous n'aurez plus qu'un cadavre ! (*Ses bras sont en croix, ses jambes un peu écartées, soutenant solidement son ventre rebondi, il semble s'offrir en holocauste ! Ayant sans doute jugé l'effet... produit, il continue plus tranquillement.*) Maintenant, faites ce que vous voudrez. Je m'en vais et... je reviendrai demain ! (*Il qiutte la salle vivement, claquant fortement la porte. Les joueurs ont terminé leurs interminables parties, quelques-uns interrogent ? Des explications, assez troubles avec Cabassol, Cemplis et Pinatio, il se dégage que : Bodio ayant fait des excuses formelles, et regrettant une faute politique ? ?... ne sera pas inquiété, mais que Chanito, Peytrio et ceux qui ont signé la déclaration favorable aux Césars, seront impitoyablement écartés de Beau-Site.*)

TOUS LES SALENTAIS (*en ce moment présents au cercle Beau-Site*). — Pas de compromissions avec les ennemis des républiques ! Vive Ferrier ! Vive les républiques ! Vive Salente ! Vive Beau-Site !

Presque tous, retournent à l'oustau, reprendre des forces pour... le travail de demain ?... Pinatio, Cabassol, Kergno, Cemplis reprennent la conversation politique. Ils analysent les causes de la trahison de Chanito et le conciliabule dure..... dure longtemps dans la nuit. Pendant ce temps une petite lumière brille dans le lointain, réflétée par le Lacydon endormi, c'est la fenêtre du cabinet de travail de Ferrier dans le palais du municipe. Il travaille, Ferrier, pour ces petits salentais, les humbles citoyens des républiques, les pauvres ! !Pour eux contre les salentais puissants, qui désirent augmenter leur puissance par les affaires du

municipe ! Contre les éclaireurs de Salente qui font
payer si cher la lumière nécessaire et voudraient continuer, longtemps cette exploitation ! Contre les prêtres de Baal, qui enseignent toujours les vieilles et sot-
tes croyances que les philosophes contredisent chaque jour ! Contre les pauvres magasiniers de Salente
eux-mêmes, les nombreux Gouyonnas, qui ne voient
point les causes véritables de leurs malheurs ! Contre ces grands magasins, ruineurs des petits magasiniers, enrichisseurs des riches salentais ! Pauvre Ferrier, tu luttes contre tout ce monde injuste ! Pendant
ce temps, Louko aide Chanito à rassembler, à unir,
les forces des prêtres et des salentais puissants et
des agioteurs, partisans des Césars ; Louko et Chanito
spéculent sur la bonne foi des Gouyonnas si nombreux à Salente ! Leurs journaux, ont, depuis si longtemps crié : c'est là faute à Ferrier que aujourd'hui,
Louko le pouvoir du centre, Faucheur, Chanito, peuvent tout se permettre contre leur bourse, contre le
franchises du municipe, contre leur honneur même,
tous les gouyonnais crient hurlent :

*(C'est la faute à Ferrier), brave Ferrier, pauvre
Ferrier.*

DERNIERE NOUVELLE. — *Il se confirme, que
Chanito réserve une place importante sur sa liste
au magasinier salentais Gouyonnas. Le Soleil provençal et le Bavardage salentais, patron-
nant vigoureusement la candidature de ce citoyen
convaincu, connu et considéré......*

Nous reviendrons sur cette nouvelle, si elle se
confirme.

GOUYONNAS CONTRE FERRIER

BATISTIN GOUYONNAS, magasinier à Salente, 40 ans, court sur jambes, le front barré d'un pli songeur la moustache frisée, conquérante presque En colère depuis l'affaire du centurion Dreynus, accusé de la trahison du centurion Asturasi. Depuis cette passionnante affaire qui partagea les Salentais en deux camps irréconciliables, l'honneur très spécial des légions est rageusement défendu par cet honorable magasinier. Insensiblement, sans se l'avouer, Gouyonnas a quitté les rangs des républiques dans Salente et marché, avec les Césars, tout en se déclarant, plus que jamais, républicain.

Ennemi irréconciliable de M. Ferrier, le premier magistrat du municipe démissionnaire. Ne prononce son nom qu'en l'accolant aux pires épithètes. A chaque accroc dans son existence de magasinier, de citoyen Salentais ; à chaque accident, dont il est victime ou témoin, Gouyonnas crie ou insinue : « C'est la faute à Ferrier ! » La barre de son front se creuse chaque jour, depuis certain échec électoral de M. Ferrier.

NINA GOUYONNAS, sa femme très-légitime. Fruit superbe de la Salente ensoleillée. La trentaine, luxuriante de santé, de force non dépensée ; casquée par le brun d'une abondante chevelure moirée, l'œil aguicheur, attirant et soutenant, audacieux, les regards déshabilleurs des mâles insolents. La poitrine haute, ferme, émergeant du comptoir élevé dans lequel Madame Gouyonnas, déesse magasinière, trône une partie du jour. La réputation de sa beauté a grandement contribué à l'achalandage et au succès du commerce dont Gouyonnas s'attribue seul l'entier mérite.

MARIUS FAUCHEUR, le commensal de la maison, blond roux, musclé, portant beau ; journaleux satirique et politique, à la recherche de raffinements dans toutes les jouissances possibles ; pas de scrupules gênants pour effectuer ces recherches ! Hier, ami de Ferrier, le bon magistrat démissionnaire, et mettant en coupe réglée cette amitié débonnaire ; aujourd'hui, un pot aux roses, bêtement découvert, a transformé l'obséquieux ami, en ennemi et insulteur féroce. Chaque « C'est la faute à Ferrier ! » lancé par

Gouyonnas, le réjouit d'autant plus, que le magasi-
nir salentais est encorné de maîtresse façon par cet
excellent commensal. Et que, le... malheur, ou bonheur ?... fut accompli, certain soir d'une réunion
publique dans laquelle Gouyonnas fît des prouesses
contre l'ennemi Ferrier, et que, au retour, en prenant
la place encore chaude de son concurrent blond, dans
le lit conjugal, le brun Gouyonnas répétait, énervé
par la lutte : « Ce salaud de Ferrier ! c'est sa faute
à ce cochon de Ferrier ! c'est lui qui... etc... etc... »

Nina et Faucheur, rient aux éclats, chaque fois que
le magasinier répète son perpétuel refrain : « C'est
la faute à Ferrier ! » Ces rires, Gouyonnas les estime approbateurs et jubile de cette communauté...
d'opinions ! Tout est pour le mieux dans l'intérieur
Gouyonnas, magasinier à Salente, la politique, les
affaires et le reste...

— Au fond du magasin de Gouyonnas, — il fait
chaud ! Le soir n'est pas suffisamment avancé pour
avoir éteint l'embrasement de l'air, traversé tout le
jour par les rayons ardents d'un soleil de juillet. Il
fait... chaud, dans l'exaspération des cerveaux exal-
tés par la lutte contre Ferrier.

GOUYONNAS, *la nouvelle feuille de contributions
à la main, s'adressant à sa femme.* — Cette canaille ! Ce... ce chameau ! Quatre-vingt drachmes
de plus que l'année dernière ! Quatre-vingt. (*Grin-
çant des dents, le poing tendu dans l'espace.*) Nous
t'en foutrons de l'écharpe au municipe. Nous t'en
foutrons, cochon ! ! !

NINA-GOUYONNAS. — Allons, calme-toi, mon ami.

GOUYONNAS. — Du calme ? Tu en parles à ton
aise, toi. (*Plus rageur encore et injuste !*) C'est
bien d'une femme ! Calme ! Calme ! ! Calme ! ! !
(*Froissant et jetant la feuille de contributions*).
Tu n'as pas de sang dans les veines, tiens pour rester calme ! Calme devant toutes ces infâmies. (*Il
reste debout, furieux, les bras croisés, jambes
écartées, les yeux fixés sur la feuille de papier à
terre.*)

NINA le regarde longuement. Cette rage impul-
sante, cette accusation à son égard, de calme exagé-
ré, qu'elle reporte ironiquement dans sa pensée,

un autre ordre de sentiments et qu'elle retourne mentalement contre son époux. Son époux trop calme, en effet à son égard, surtout depuis la bataille électorale. Toutes ces pensées unies à quelques souvenirs libertins amènent sur ses lèvres un joli sourire entendu ; dans ses yeux un joli regard ironique presque libidineux. Elle prononce, elle murmure, le même mot que Gouyonnas, mais si moqueur, si plein de souvenirs, si drôle, que le plus fin psychologue ne pourrait dire s'il s'adresse à l'époux oublieux de ses devoirs ou à elle-même. Ah oui !... calme !

FAUCHEUR arrive en coup de vent, il embrasse la scène d'un coup d'œil et croit à une chaude explication, un bavard a révélé à Gouyonnas, l'infortune à la Vulcain, dont il est l'auteur. Il s'arrête, ses yeux se tournent vers Nina interrogateurs. Nina sourit plus énigmatiquement encore. Faucheur sent croître son inquiétude. Tout à coup, la main de Gouyonnas s'abat sur son épaule et un rugissement, un cri...

GOUYONNAS. — Ce salaud !

FAUCHEUR, *s'affale, se télescope presque, ses yeux interrogent, éperdus, Nina toujours silencieuse.* — Hein ! Quoi ! Qu'est-ce qu'il... ?

GOUYONNAS, *ne lâchant pas Faucheur, de sa droite désignant, furieux, la pauvre feuille, roulée en boule, à terre.* — Ce cochon ! Crois-tu, Faucheur, mon pauvre ami, quatre-vingts drachmes en plus dans ces contributions ! Quatre-vingts ! C'est la ruine de Salente, ce misérable, ce Ferrier maudit, il nous déshonore tous ; ce...

FAUCHEUR, *pousse un soupir de soulagement, bruyant, long, drôle.... Gouyonnas prend ce soupir pour un acquiescement. Ils se se serrent la main et presque ensemble, chacun à sa pensée.* — Ah! mon pauvre ami !

GOUYONNAS. — Ah ! mon pauvre ami !

NINA, qui les observe, a compris la méprise et les craintes de Faucheur, elle sourit plus fort, son regard amusé rencontre le regard rassuré de Faucheur. Craignant que Gouyonnas ne les surprenne ainsi, elle passe sa joli main potelée, devant ses jolis yeux. Gouyonnas croit que sa femme pleure. En bon salentais, au sang chaud, vif, exalté, il en accuse Ferrier, les contributions. Vite, il court à la feuille toujours à terre, la retape, la met dans son portefeille, prend son chapeau et s'adressant à Faucheur et à Nina.

GOUYONNAS.— Attendez-moi. Je cours chez Chanito et nous allons voir ça ! Quatre-vingts drachmes ! Quatre-vingts, ah non ! Ce salaud de Ferrier, il nous enlèverait tout ! Tout, jusqu'à l'honneur, ce...

Il n'achève pas, se précipite et sort rapidement. Faucheur l'accompagne jusqu'au seuil et s'assure que Gouyonnas est loin. L'huis clos, le target prudemment poussé, Faucheur court vers Nina qui l'attend folle de joie, d'amour impatient. Un baiser... à pleines lèvres..., dégusté longuement..., et renouvelé à bouche que veux-tu ! !

FAUCHEUR, *s'arrachant le premier à l'étreinte.* — Ah ma chérie, quel trac !

NINA *rit à gorge déployée, bruyamment, librement, découvrant les perles brillantes, régulières et blanches sur le rouge de ses lèvres, avivé par le baiser.*

— Ah je comprends ! quel trac ! Mon chéri, je t'aurais cru plus... ferme. En cas de danger.... hi ! hi ! hi ! Ah quelle scène ! hi ! hi ! hi ! Et Gouyonnas qui... ah ! ah ! ah !.....

FAUCHEUR, *gagné par le rire, un tantinet embarrassé.* — Enfin mets toi à ma place....

NINA *riant davantage, à larmes....* Oh ! non. Non, mon chéri, ne changeons pas !..... ça m'amuse trop... hi ! hi ! hi ! ah ! ah ! ah ! (*Et elle accompagne ces rires, de regards polissons, libidineux, jusqu'à ce que ses jolies paupières cerclées de cils bruns, se referment sur ses yeux pâmés*).

FAUCHEUR *baisant encore ces yeux aimés.* — Ma chérie, il ne faut pas m'en vouloir, car tu ne t'embêtes pas !... Ecoute, il faut faire durer les périodes électorales et prolonger les absences de

Gouyonnas. Elles nous procurent de trop douces heures pour ne pas travailler à leur multiplication. (*Rires et baisers*). Dis donc, si tu conseillais à Gouyonnans de se porter candidat contre Ferrier.

Nina (*amusée*). — Quelle idée ?

Faucheur. — Compte les courses ,les réunions, dans lesquelles Gouyonnas ira dépenser son temps et son énergie...

Nina. — Oh son énergie ? (*Réfléchissant*). Après tout, oui, son énergie. (*Rires et baisers*).

Faucheur. — Comptons le résultat. Il est épatant ! J'amuse Gouyonnas, nous lui devons bien ça ! J'embête Ferrier, ça fait plaisir à beaucoup, et j'embrasse ma Nina, ce qui nous en donne... (*Baisers et rires*). Qu'en dis-tu ?

Nina. — Je dis que je t'adore (*elle l'embrasse encore, puis décidée, pratique.*) Ne perdons pas de temps. Dès son retour, glissons-lui la chose en douceur (*regards équivoques de Nina et rires équivoques de Faucheur*) et profitons de sa fureur contre cette brave feuille de contributions.

Faucheur. — Parfaitement ! Entendu ! Gouyonnas candidat de la résistance à l'augmentation des dépenses publiques. Candidat anti-Ferriériste, anti-anti (*Hi ! hi ! les rires reprennent et les baisers aussi*). Je lui rédigerai ses professions de foi. Citoyens de Salente ! Les fautes de Ferrier sont impardonnables. Cet homme néfaste dont les folies sans nombre, dont les appétits... (*Coup de sonnette ! Nina ayant regardé à travers la tenture reconnaît son mari.*)

Nina. — C'est lui, remets-toi ! Je vais ouvrir. (*Elle va ouvrir, l'air placide, calme.*) Eh bien !

Gouyonnas (*revient triste, calmé lui aussi ! La ligne songeuse de son front s'est creusée davantage.*) — Eh bien, mes pauvres amis, Chanito m'a expliqué l'affaire. Maintenant je sais tout ! (*Nina et Faucheur ne bronchent pas.*) Les feuilles de contributions sont établies par la Préfecture. La Mairie n'y est pour rien. Pour cette fois, ce n'est pas la faute de Ferrier. (*Nina et Faucheur rient aux éclats et Gouyonnas, bon enfant au fond, se rappelant son départ furieux, rit avec eux.*) Mais ça ne fait rien... on se retrouvera.

FAUCHEUR et NINA (*même pensée*). — Parbleu !

FAUCHEUR. — Justement mon cher Gouyonnas, une délégation des magasiniers de Salente, se présentera, demain, ici. On veut proposer la candidature contre Ferrier à un magasinier coté, cossu, cocardier un peu, courageux, enfin vous paraissez à vos confrères... réaliser cet...

GOUYONNAS. — Par exemple ! (*après une pause, avec fausse modestie*). Croyez-vous que j'ai l'étoffe pour l'être ?

(*Nina le regarde, regarde Faucheur et sourit, malicieuse, amusée*).

FAUCHEUR (*encouragé, payant d'audace*). — Mon cher Gouyonnas vous le serez, soyez tranquille. Vous pouvez même vous considérer comme l'étant déjà. Et vous aiderons la chose... la ... (*il hésite un peu*) la chose... de tous nos efforts !

GOUYONNAS, *à sa femme*. — Eh bien ! qu'en dis-tu ? Voyons !

NINA. — Mon ami, moi... cela me fera plaisr ! Voilà tout ce que je peux dire !

GOUYONNAS (*enchanté, content ! ! !*). — Ah je vois la tête de Ferrier ! ! Ah mon vieux ! nous allons rire. Vous croyez que je le serai ?

NINA ET FAUCHEUR ensemble : « Tu le seras, tu peux même assurer que tu l'es ! »

GOUYONNAS. — Pauvre Ferrier ! Après tout, c'est encore sa faute ! Tant pis pour lui !

VIVE CHANITO

CHANITO, GOUYONNAS, ROMANUS RYRA, DES-CANAILLUS et de nombreux salentais, causent avec animation dans la salle du café Martinus

Dans cette salle, réservée aux sourds complots des partisans des Césars, se rencontrent les républicains dont le dévouement aux républiques n'a pas résisté aux satisfaction d'amour-propre accordées ou offertes par le dispensateur Louko ; les anciens partisans des républiques qui préfèrent l'augmentation de leur fortune personnelle au maintien des républiques ; les envieux et les ennemis de Ferrier ; ceux que l'or de l'association salentaise d'éclairage a corrompu ; ceux qui hier, léchaient les cothurnes de Ferrier, parceque Ferrier toujours débonnaire les laissait mordre à la Gruppi, mais que Ferrier dut écarter, à cause de leurs dents trop longues ; ceux qui rendent encore un culte aux Dieux anciens, malgré les découvertes des philosophes ; ceux qui font semblant de croire à l'histoire de la Vierge fameuse et à sa copulation céleste avec l'ange Gabrielli et qui placent sa statue à l'encoignure de leurs maisons de rapport.

Avec l'aide de Louko, les conjurés ont obtenu la dissolution du conseil du municipe. déja réduit par la décision du conseil central et la démission de Ferrier.

A l'aide de l'association éclaireuse de Salente, dont Ferrier ne veut pas renouveler les monopoles ; avec l'aide des riches entrepreneurs et banquiers, qui déja, ont gagné ou trafiqué des millions de drachmes, dans certaine affaire accomplie sous prétexte d'assainir Salente ; avec l'aide des grands fabricants de poison, d'apéritifs, d'alcool nocifs ; avec l'aide des dames patriciennes de Salente qui sont allées, de maison et maison, tendre leur argentière ; les meneurs de la conjuration ont réuni des sommes considérables pour assurer le triomphe de la liste Chanito.

Ils ont déja acheté bien des concours surtout dans la presse de Salente.

Depuis longtemps, des journaux soi-disant républicains et dont chaque lecteur se croit un défenseur des républiques, ont trahi leur parti. Ils sont parvenus insensiblement, profitant des mécontentements quelquefois fondés; cachant à leurs lecteurs la guerre intense faite aux républicains dans toutes les municipes, demandant la liberté pour tous, surtout pour les prêtres de Baal, ils sont parvenus à faire voter leurs lecteurs pour le plus avéré partisan des Césars, le candidat Ryrás, tandis qu'en bons républicains, ils devaient voter pour le vieux fondateur des républiques, l'ancien défenseur des philosophes contre les prêtres, l'intègre Brizoni.

Il faut ajouter à cette équivoque, soigneusement préparée et entretenue, la haine suscitée contre Ferrier par ces mêmes journaux.

Beaucoup de Salentais en sont arrivés à attribuer à Ferrier toutes les choses déplaisantes de leur existence !

Combien de Gouyonnas crient à tous propos : *c'est la faute à Ferrier !* Embarras de chars sur le cours de Salente : *c'est la faute à Ferrier !* Mauvaise répartition de l'impôt par les scribes de Louko : *c'est la faute à Ferrier !* Hétaïres, appelant dans les rues les salentais vertueux et faisant scandale : *c'est la faute à Ferrier !* Lumière mauvaise, eau arrêtée, tout ce qui se casse, passe, trépasse : *c'est la faute à Ferrier !*

Donc, au café Martinus, réunion importante des conjurés pour ofrmer la liste, à la tête de laquelle, Chanito doit porter le dernier coup aux républicains et à Ferrier.

ROMANUS *ouvre la séance en qualité dit-il de convocateur ; il agite longuement sa sonnette.* Romanus vieux Salentais très connu par sa haine des prêtres de Baal, les déchirait à belles dents et affichait le plus grand dévouement pour les républiques. Seulement Romanus possède un établissement dans lequel se vendent des alcools malfaisants et des apéritifs colorés, situé dans les vieux quartier derrière le palais du municipe. Ces quartiers doivent être démolis, au nom de l'hygiène publique.

Les magasiniers — dont Romanus — doivent toucher des indemnités. Ils veulent — c'est humain — ces indemnités très élevées et promptement perçues. Ils travaillent pour obtenir ce résultat, Ferrier les gêne. Il y a lutte.

Lutte, dans laquelle la colère et la rage de Romanus égalent les colères et les rages de Gouyonnas.

Ses vieilles convictions républicaines n'ont pu

l'empêcher d'être un des conjurés du Café Martinos
et l'un des plus ardents. Romanus, vieil habitué des
réunions politiques sait tout présenter et défendre,
au nom de principes très purs !

Romanus *énergique et solennel.* — Citoyens de
Salente, vous vous êtes réunis ce soir afin de préparer la liste des candidats au Conseil du municipe. Entre tous les honnêtes citoyens salentais,
il faut faire l'union. (*Bravos*).L'union qui délivrera
notre cité si belle, si noble, si généreuse (*Bravos ré-
pétés*) de l'homme néfaste qui préside à ses desti-
nées pour notre malheur à tous. Et qui, si les honnêtes gens ne lui barrent pas le chemin, conduira
aux pires abîmes la belle cité salentaise ! (*Bravos,
cris, délire*).

En prononçant ces dernières paroles, Romanus a
rejeté en arrière sa grosse tête épanouie, à cheveux
blancs, plantés drus, en couronne, sur sa figure jo-
viale. Une main dans l'échancrure de son péplum,
l'autre bras tendu en avant, la dextre semble dési-
gner le gouffre dans lequel Salente s'abîme avec sa
fortune !

Des cris ; *à bas Ferrier ! bravo !* s'élèvent de tous les
coins de la salle. Gouyonnas se distingue par ses « *A
bas Ferrier* » tonitruants.

Chanito reste silencieux, humant tous ces cris à
l'adresse de son ennemi. Il semble peser le poids de
toutes ces haines, les opposer aux dévouements qu'il
sait exister pour Ferrier, chez les républicains et les
plébéiens de Salente. Il pense : « *Avons-nous suffisamment de haines pour faire pencher la balance
de notre côté ?* »

Romanus, *après avoir absorbé une gorgée d'hydromel.* — Citoyens de Salente ! Il ne s'agit point
de toucher aux républiques. Les républiques sont
intangibles (*quelques bravos, très clairsemés, font
paraître plus silencieux le silence général de l'auditoire. Romanus passe vivement*). Ce que nous
voulons atteindre, c'est l'autocrate éhonté, celui
qui courbe sous son autoritarisme intransigeant
les citoyens libres de Salente. (*Bravos enthousias-
tes*).

*RYRA monte à la tribune, mouvement d'atten-
tion.* — Petit, maigre, barbe grise, sale, le teint bi-
lieux. A l'inverse des salentais, rage en dedans ! Les
prêtres de Baal ont formé son caractère. Ryra est
resté leur homme, leur chose ! Dévoué corps et âme
à ses maîtres, maudit les philosophes, les sciences,
la liberté, le progrès et les républiques !

RYRA. — Citoyens, celui qui annihile la liberté
des pères de famille, le sectaire qui interdit les
anciennes coutumes de nos pères dans les rues de
Salente, le contempleur de la foi de nos aïeux
(*Un peu de houle s'élève dans le fond de la salle*)
doit être écarté du pouvoir. Il faut remplacer Ferrier par un sincère ami de la liberté pour tous,
par un salentais de Salente, par celui dont le nom
est sur les lèvres de tous les honnêtes... (*Cris : Vive
Chanito, A bas Ferrier ! Vive Chanito !*)

DESCANAILLUS. — Je demande de la parole.

Descanaillus est celui, qui, dans l'ancien Conseil
du municipe accusait toujours Ferrier de tous les crimes et délits commis dans Salente. C'est celui qui re-
çut, dans ce même Conseil, et publiquement une maîtresse giflé de son interlocuteur et se contenta de frot-
ter la trace rouge de ses doigst, sur sa joue endolo-
rie.
Etre vil, incapable, truchement public des calom-
nies contre Ferrier. Méprisé chez les césariens, méprisé chez les partisans de républiques, se dit démo-
crate, a toujours été élu avec l'aide de quelques répu-
bicains dévoyés par les partisans des Césars heureux
d'envoyer un insulteur à ce pauvre Ferrier, dans son
propre Conseil.

DESCANAILLUS. — Citoyens, il ne suffit pas de
crier contre Ferrier dans une salle close. Il faut
envoyer au Conseil, des hommes au courage, à
l'énergie assez forts, pour dire publiquement, en
face de cet homme, les sentiments des honnêtes
gens. Le bonheur du peuple, citoyens... (*Son discours est interrompu par les conversations particulières. Sa voix monotone, continue, filandreuse,
abondante. Chacun le connaît ; chacun sait à quoi
il est bon, sa place est indiquée sur la liste de
Chanito.*)

Gouyonnas. — *(D'une voix forte mais agitée par un léger tremblement).* Je demande la parole. *(Un mouvement d'attention se manifeste dans la salle).*

Tous connaissent Gouyonnas, le magasinier honorable en tre tous. Le mari de la belle Madame Gouyonnas ! Pour les meneurs du mouvement césarien, c'est une recrue précieuse. Gouyonnas, entraînera de braves républicains, magasiniers, lecteurs assidus des journaux complices.

On savait sa haine contre Ferrier. On n'espérait pas voir, chez Gouyonna, la colère dominer les sentiments républicains. 'u'il avait toujours sincèrement professés. Chanito est 'rplexe, il écoute attentivement, il sai la bonne foi de Gouyonnas, il craint certaines déclarations républicaines trop accentuées qui détacheaient de sa liste quelques césariens déterminés et les partisans de la fameuse Vierge

Gouyonnas *ému, a trempé ses lèvres dans le verre d'hydromel, ses yeux semblent terribles.* — Citoyens de Salente, je suis républicain (*Chanito et Romanus tremblent sur leurs sièges*), mais le premier devoir d'un Salentais, c'est de chasser honteusement du Conseil l'homme qui nous conduit au déshonneur ! qui perpètre (*sourires dans l'auditoire*) notre ruine ! (*Bravos formidables. À bas Ferrier ! Vive Gouyonnas ! Gouyonnas se lève, le front serein, il passe orgueilleusement sa main dans ses cheveux ondulés*).

Qui de nous, Salentais, n'a pas éprouvé le même sentiment de colère que moi, en recevant la dernière feuille de contributions, augmentée, doublée même par cet homme néfaste ? C'est Ferrier qui augmente nos charges, qui nous déshonore, qui nous tue... (*redoublement de bravos, trépignements. Gouyonnas, rayonnant, reste 'uelques instants les bras en croix, ferme sur ses courtes jambes, le ventre bedonnant, les yeux hallucinés, transfiguré par ce succès inouï. Descendu de la tribune, Gouyonnas est accaparé, choyé, fêté, enlevé par les césariens assemblés.*)

Chanito, silencieux, amer, triste, pense aux explications à lui demandées par Gouyonnas, lors de la réception de sa fameuse feuille de contributions. Il se rappelle que Gouyonnas est sorti de son cabinet, absolument convaincu que Ferrier n'était pour rien dans l'établissement de ces feuilles de contributions.

Dans son esprit éduqué, pénétrant, observateur une grande tristesse descend à la vue de toutes ces turpitudes.

Gouyonnas ment, emporté par l'orgueil, le désir d'être quelque chose ! Romanus travaille pour activer l'affaire des vieux quartiers ! Ryria travaille pour l'intérêt des prêtres; pour la gloire de sa Vierge et des Césars. Toutes les haines expectorées contre Ferrier, tous les principes étalés à cette tribune, ne sont que les rideaux derrière lesquels se poussent, s'unissent les intérêts les plus vils !...

Chanito est triste... Sur son visage, les plis amers, déjà profonds, s'accentuent encore. Chanito est triste !... Devant ces vilenies, il pense... Lui, le vieux républicain, couvrir toutes ces choses... Oh ! la politique ! Quel écœurement !... Chanito est triste ! !...

Mais sa pensée se porte au palais du municipe, il se voit ceint de la première écharpe. Il voit les séances du Conseil présidées par Chanito ! Les honneurs, la gloire des palabres officiels. Les visites reçues et rendues dans le palais de Louko. Les... (*Tout à coup il se lève, fébrile, impulsif.*)

CHANITO. — Je demande la parole. (*Une ovation le suit à la tribune*). — Citoyens de Salente. « Delenda Carthago » disait l'ancien, répétons tous : « Il faut détruire Ferrier » et que ce cri soit la base de notre action : le principe de notre politique ; le programme de notre liste ; notre but, notre raison d'être ! (*Cris : à bas Ferrier ! Vive Chanito ! Vive Chanito !*)

Je vous propose de nommer une commission chargée de préparer et de vous présenter la liste des citoyens honnêtes, salentais de Salente, au rouge sang provençal, aux convictions profondes, loyales, qui remplaceront au Conseil les Ferrier et les sous-Ferrier abhorrés (*Hurlements, trépignements*). Citoyens, nommons cette commission et suspendons la séance, pe ndant que retirée dans une salle voisine elle préparera cette liste qui sauvera Salente. Citoyens, lancez des noms. *(Pendant quelques minutes la salle est transformée en une cage à fauves. Vociférations, hurlements, cris invraisemblables.)*

O Salente, ville si jolie, placée par les dieux, le hasard ou la volonté des hommes, dans l'endroit de la terre le plus propice à la paix et au bonheur. O sa lente !... C'est la politique qui t'agite à ce point ! Pauvre Salente !

CHANITO, *toujours à la tribune domine le tumulte, et amène le silence.* — Je crois, citoyens, avoir surtout entendu les noms des citoyens Ryra, Romanus et votre serviteur. J'invite ces citoyens à passer dans la salle à côté. Citoyens, du calme, nous préparons aujourd'hui la victoire de demain.

Et Chanito satisfait de cette dernière phrase soulève sa fluette personne au-dessus des talons déjà élevés de ses mignonnes cothurnes, car Chanito aime les vêtements soignés, les péplums de soie brodés, les les palliums et les clamydes ornés de galons d'or. Il aime les belles lettres les bonnes choses. Quel dommage que Chanito aime trop les honneurs, Chanito serait un excellent citoyen sans cet excès d'orgueil. Chanito n'est pas méchant, il n'est qu'ambitieux et rageur.

CHANITO, RYRA, ROMANUS *sont réunis autour d'une petite table de marbre. Chacun à sa liste, composée de ses amis personnels ou des partisans de ses intérêts particuliers.)*

ROMANUS. — Messieurs, je crois inutile entre nous, d'employer les grands mots. Sur 36 conseillers, prenons-en chacun douze, cela évitera toute discussion inutile.

RYRA. — Permettez, M. Romanus, je représente ici deux partis distincts : Notre religion ancienne et vénérée, puis le...

ROMANUS *(interrompant).* — Assez, M. Ryra, si vous continuez ainsi, c'est la scission certaine.

RYRA. — Mais, M. Romanus, ce n'est pas nous qui la redoutons le plus cette scission. Si nous consentons quelquefois, dans l'intérêt de principes supérieurs, à nous allier avec des gens d'une moralité....

CHANITO *vivement*. — Allons, M. Ryra, pas de paroles blessantes, évitons...

ROMANUS *lui coupant la parole, violent, sous l'impulsion de ses vieilles habitudes de mangeur de prêtres. (Expression salentaise !)* — Moins immoraux que les Flamidiani... M. Ryra ! Moins immoraux que vos germinius... M. Ryra ! Entendez-vous ?... *(roulant des yeux furibond ses cheveux blancs hérissés, ses poings serrés).* — Entendez-vous, M. Ryra ?

RYRA *a blémi sous l'injure, ses lèvres se sont pincées.* — Cela suffit, messieurs. je n'ai plus rien à faire ici, nous nous retrouverons ailleurs. *(Il se lève).*

ROMANUS. — Comme vous l'entendrez M. Ryra, mais vous porterez personnellement la responsabilité de votre départ. Je sais quels ordres vous avez reçus.

RYRA. — Monsieur, je sers un idéal élevé. La proriété, la famille, la religion.....

ROMANUS, *goguenard, en aparté.* — Compris !

RYRA *continue.* — Je m'honore de.....

CHANITO *comprenant que tout va être perdu, interrompt.* — Allons, messieurs, revenons à notre liste. Pas de discours inutiles ?

RYRA *froissé de cette parole prononcée par Chanito.* — Inutiles ?

ROMANUS *à Ryra, cynique, insolent.* — Oh oui, inutiles !

RYRA *interloqué, va répondre, Chanito intervient.*

CHANITO. — Je crois que la proposition de M. Romanus est celle qui...

RYRA. — C'est impossible, j'ai des ordres.

CHANITO. — M. Ryra, je vous en prie, dites nous franchement si vous voulez faire échouer là..... (*Il s'arrête, honteux du mot à prononcer. Romanus le dit pour lui*).

ROMANUS. — Combinaison (*Chanito baisse un peu la tête et semble n'avoir pas entendu*).

RYRA (*très calme, très résolu. — J'ai l'ordre d'aider l'Union mais à certaines conditions. Les concours du comité des Intéressés Marseillais, du comité de l'Action libérée, et vous connaissez la puissance de ces concours. (Romanus soupire, Ryra paraît triompher*) ne vous seront apportés que contre la moitié plus un des.....

(*Il n'achève pas. Chanito s'est levé dans un accès de rage. Romanus paraît vouloir manger Ryra et n'en faire qu'une bouchée.....*)

CHANITO *se calme immédiatement et calme Romanus d'u ngeste. —* Alors c'est l'insuccès et le triomphe de Ferrier. (*A son tour Ryra paraît attéré*). — Vous ferez mieux, M. Ryra, de nous donner quelques noms et nous les.....

ROMANUS (*railleur*). — Baptiserons, comme chez les purs !

RYRA *vexé par cette plaisanterie. Revêche. —* Ils sont baptisés et ce sont d'honnêtes gens, M. Romanus..... (*Il appuie fortement sur le mot honnête en regardant Romanus*). — Ce sont de bons salentais qui feront de la politique pour le bien général, par pur dévouement.....

CHANITO. — Allons, allons, M. Ryra, parlons des noms. Dans la salle à côté on attend !

RYRA. — Acceptez-vous ?

ROMANUS. — Non !....., Nous participerons plutôt aux sacrifices, nous aussi ! Et pour l'intérêt général..... nous aussi ! Et nous exigeons notre juste part...... nous aussi !

CHANITO. — M. Ryra, de notre côté nous acceptons la proposition de M. Romanus, c'est le seul moyen de faire l'Union tant désirée par tous les honnêtes gens.

RYRA *sentant diminuer la valeur des concours de l'action libérée et des intéressés salentais, n'insiste plus pour le moment. Il passe à un autre ordre d'idées).* — Et le programme ?

ROMANUS. — Oh ! parbleu, je vais vous le dire : « Sus à Ferrier ! » Si nous disons autre chose nous sommes coulés, battus à coutures plates.

CHANITO.— On pourrait cependant ajouter quelques promesses de réformes ; d'ordre dans les finances !

ROMANUS *avec un gros rire cynique.* — Oh ça ! tout le monde le met... dans son programme... aux électeurs (*il semble, riant ~lus fort, avoir dit une monstruosité, Chanito et Ryra n'ont pas bronché cependant).*

RYRA. — En plus, il nous faut l'engagement formel que nos écoles seront traitées avec la même équité que les écoles créées par Ferrier.

CHANITO (*très bas*). — Ça c'est compris dans... l'égalité pour tous.

ROMANUS. — Mais surtout rien de tout ça sur le programme, nous éloignerions les...

RYRA *interrompant, avec un sarcastique sourire.* — Puisqu'on vous dit qu'on ne parlera que de la liberté et de l'égalité pour tous. Vous n'avez donc pas compris.

ROMANUS (*vexé*). — Autant que vous !

CHANITO. — Alors ça peut aller ainsi. On s'impatiente dans la salle à côté. Concluons !

Quelques Salentais, impatients, viennent demander si la Commission a terminé ses travaux. Hâtivement les trois conjurés conviennent que Chanito annoncera l'accord parfait et que la Commission fera une visite à chacun des citoyens choisis. Une nouvelle convocation sera adressé pour une nouvelle assemblée dans deux jours, car le temps presse. Ils se lèvent pour rentrer dans la grande salle.

Romanus n'a pas confiance dans la sincérité de Ryra, il craint une scission de ce côté. Il entrevoit l'affaire des quartiers, remise aux calendes salentaises !

Ryra n'a pas confiance dans la sincérité de Romanus pour le choix des hommes, il prie ses Dieux et sa Vierge de l'inspirer. Chanito, de plus en plus écœuré mais obsédé par l'espoir de posséder l'écharpe au municipe, continue, à souhaiter cette... écœurante union ! Pauvre Chanito ! Quelle galère !! quelle trirème !!!

CHANITO, RYRA, ROMANUS *rentrent dans la salle, au milieu de l'anxiété de quelques-uns, de la curiosité de tous. Chanito monte à la tribune.*

CHANITO. — Citoyens de Salente, l'union est faite entre tous les honnêtes gens de Salente ! Dans l'intérêt supérieur de......

La séance continue.

P. S. — Au moment de mettre sous presse, nous sommes informés que Ryra a rompu l'union. Il présentera une liste choisie parmi les salentais les plus honnêtes, les plus purs. Ryra ne parlera pas dans son programme de ses Dieux et de sa Vierge. Rien que l'intérêt de Salente ? ?... Chanito et Romanus présenteront une autre liste choisie également, parmi les..., etc. Qu'arrivera-t-il de tout ce chaos ? Prêtres de Baal ! Chastes Vestales ! Priez, priez pour eux.

L'AMBASSADE DE GOUYONNAS

Au comité Chanito, la Commission exécutive est réunie. On examine le cas du magasinier Motusi, le propriétaire de grands établssements dénommés « Le sommeil du Tigre », Motusi est républicain. Circonvenu par de nombreux amis de Chanito, par des dames patriciennes, par des parents partisans de César, Motusi avait prêté à Chanito l'appui de son nom, très connu à Salente.

A l'instant, le comité reçoit la fatale nouvelle : Motusi se retire, Motusi ne veut pas servir les colères de Chanito, Motusi veut rester dans le parti des républiques.

Chanito, Romanus, sont navrés. Chanito est blême de rage concentrée, Romanus est rouge d'une apoplectique colère. Que faire ? Gouyonnas, admis dans le Cénacle, à la suite de sa part active dans une lutte, où il fonce la tête baissée, GOUYONNAS déclare : « Les petits magasiniers ne suivront pas Motusi, je les tiens ils restent fidèles. »

ROMANUS. — Nom des Dieux maudits ! Nous sommes dans le pétrin ! Ryra nous enlève les voix de ses amis (*avec un soupir*) encore nombreux à Salente ; Motusi va nous enlever les commerçants sérieux (*Gouyonnas veut protester, d'un geste Chanito le fait taire*). Que va-t-il nous rester ?..

UN INCONNU, *dans le quel nous croyons reconnaître Cemplis*. — La haine mauvaise et l'intérêt vil ! (*L'interrupteur est entouré vivement, tous les assistants retirés loin de la table du comité, s'approchent les poings levés. Une poussée jette dehors l'intrus sous une pluie de horions*).

CHANITO, *aigre et à haute voix*. — Ne pourrait-on faire le contrôle plus sérieusement à la porte.

Qui connaît cet homme ? (*Un silence... très long, très gênant ! Il semble qu'un éclair de vérité gêne les ténébreux conspirateurs.*)

ROMANUS. — Allons, ne nous endormons pas, il faut voir Mutosi et le ramener à nous. Gouyonnas, vous qui le connaissez particulièrement... (*s'interrompant*) j'y pense, si on lui faisait donner une décoration par Louko.

CHANITO. — Louko lui a déjà accordé une faveur qui a fait murmurer les Salentais ; il faut trouver autre chose.

ROMANUS. — Il est riche, lui. Il n'a besoin de rien

CHANITO. — On ne le ramènera que par l'amitié. Gouyonnas, allez le voir. (*Romanus hoche la tête. L'amitié lui semble un lien bien fragile pour la conspiration*).

GOUYONNAS. — C'est entendu, je vais le voir. Les magasiniers sont des frères ! Tous ont a se plaindre du mauvais état des affaires dont Ferrier est...

CHANITO et ROMANUS *l'arrêtent*. — Nous savons, nous connaissons !

CHANITO. — Allez-y de suite, il faut que la liste paraîsse, nous n'avons pas de temps à perdre.

ROMANUS. — Vous avez bien compris. L'intérêt de la République, l'intérêt des honnêtes gens, l'intérêt de Salente, l'intérêt des magasiniers exige que...

GOUYONNAS, *un peu vexé de ces conseils, l'interrompt*. — Je sais tout ça, M. Romanus ; nous le disons assez tous les jours ! M. Chanito, à bientôt.

CHANITO *le reconduit à la porte, son visage porte les traces d'un profond découragement*. — Bonne chance, Gouyonnas. Je compte sur votre... dévoûment (*ses traits se contractent à ce mot. Un psychologue dirait le mot pensé, absolument contraire à celui pronocé.*)

Chanito revient à la table, les coudes appuyés, la tête dans les mains, il pense ! Chanito est triste.... Motusi, lui faire cet affront ! Ryra, passe encore c'était l'homme des Césars, des prêtres, mais Motusi !.... Il regarde autour de lui... Il dévisage les assistants... Il se remémore la vie, le caractère de chacun d'eux...

Le mot de l'inconnu lui revient sans cesse, l'obsède. La Haine mauvaise. L'Intérêt vil !... Chanitot... toi !... toi, qui couvres, qui aides, qui conduit l'Intérêt vil et la Haine mauvaise... Il pense... Ferrier mon ancien ami !... Ferrier !... Un pleur perle entre ses paupières !...Ferrier, je te sais bon... Ferrier pardonne... Il s'assoupit... Doucement le regret est descendu dans son cœur. Ah si la colère, la rage, l'envie, ne venaient pas combattre ce sentiment, comme Chanito serait heureux ...

ROMANUS *s'est mêlé aux assistants dans le fond de la salle, il cache la fâcheuse nouvelle en attendant le retour de Gouyonnas.* — Citoyens de Salente, laissons un instant M. Chanito seul. M. Gouyonnas est chargé d'une mission importante, nous attendons son retour pour continuer notre... travail !

Après une heure d'attente un messager, essouflé, couvert de sueur, les cothurnes empoussiérées remet à Chanito le pli suivant :

« Citoyen Chanito,

« La haine est mauvaise conseillère. J'ai eu le
« tort de suivre ses inspirations. Je le regrette pu-
« bliquement. Un disciple des philosophes, le ci-
« toyen Cemplis, qui se trouvait chez M. Motusi
« et dont je veux rechercher l'amitié, nous a ex-
« pliqué la vérité.

« Il serait trop long de vous écrire les nom-
« breuses raisons qu'il nous a développées, mais
« je pense, avec M. Mutosi, que j'étais dans l'erreur
« Notre place, à nous, républicains sincères mais
« modérés, n'est pas sur votre liste, citoyen Cha-
« nito. Vous êtes aidé par les partisans des Césars,
« par l'intérêt vil, par la haine mauvaise, comme
« dit M. Cemplis. Je le regrette, mais c'est la
« vérité.

« Notre place n'est pas avec M. Ferrier, dont je
« ne suis pas devenu le partisan ! Cela, jamais !

« Notre place est sur la liste républicaine for-
« mée par le disciple d'Hippocrate, le citoyen
« Miretti, avec le concours des très honorables
« salentais, les citoyens Estieranus, Marigoni, Vi-
« dellus, Bodio, etc., etc.

« En aidant cette liste, nous n'approuvons pas
« Ferrier, mais nous restons fidèles aux républi-
« ques, nous combattons contre les partisans des
« Césars et contre les prêtres de Baal.

CHANITO, *blémit de rage, froisse le pli et le tend
à Romanus.* — Voyez, Romanus.

ROMANUS *lit la lettre, la colère se peint en violet
sur son visage déjà rouge. Suffoqué, méprisant, à
Chanito.* — Nous sommes fous d'avoir envoyé
Gouyonnas en ambassade... Quel ambassadeur ?
Satané Gouyonnas ! Nous sommes dans la limo-
nade. Il faut en sortir, je vous amènerai un nouveau représentant des magasiniers, moi. Ça ne
sera pas long !

CHANITO, *presque incrédule.* — Et où le trouve-
rez-vous, Romanus ?

ROMANUS. — Dans mon quartier parbleu !

CHANITO *pense à l'intérêt vil, à la haine mauvaise, il y en a beaucoup contre Ferrier dans les
vieux quartiers à démolir, au nom de l'hygiène.*
— Alors, aurez-vous ce candidat demain matin
sans faute ? (*s'adressant aux assistants inquiets*) :
Citoyens, une défection se produit parmi nous.
M. Gouyonnas nous abandonne (*rumeurs dans
l'auditoire*). Mais, grâce au dévouement de M. Romanus, demain, un magasinier honnête et fidèle
aux principes, remplacera Gouyonnas. Pas de
faiblesses, citoyens ! Haut les cœurs ! Au drapeau !
(*Cris à bas Ferrier ! A bas Gouyonnas ! Vive Chanito !*).

Pauvre Gouyonnas tu étais dans l'erreur, tu suivais les inspirations de la haine. Les applaudissements, les louanges suivaient tes pas. La foule t'élevait au pinacle ! Les raisons du philosophe t'ont fait juste ; avec le juste, tu seras exécré. Ferrier est un juste, les intérêts vils le haïssent. Tu deviens juste Gouyonnas, avec Ferrier ton ennemi d'hier, tu seras maudit ! Ne regrette rien. La haine de foules et l'amitié de quelques amis sincères sont une consolation, une joie plus grande que les triomphes du Forum. Retourne vers Cemplis, il t'expliquera cela, Gouyonnas ! il t'apprendra que le bonheur est dans la médiocrité, que la lute pour le beau, pour le vrai, pour les petits pour les humbles, ne rapporte point la richesse et les honneurs.

Regarde Ferrier. Il n'a point les beaux habits brodés d'argent de Louko. On l'estime d'avantage. Regarde tous les riches salentais qui excitent Chanito. Ils n'ont point la considération.

Regarde Ferrier, comme les petits salentais malheureux, comme ceux qui souffrent, l'aiment et le défendent sans intérêt vil, sans haine mauvaise. Ferrier n'a point sur son visage les plis amers qui creusent le visage de Chanito.

Regarde ! Chanito, sa clamyde sur les épaules, retournant seul à son logis.... comme il est triste malgré les applaudisements ! Cemplis te l'expliquera et tu comprendras pourquoi !

Chanito. c'est la haine !

Ferrier, c'est la bonté !

Sois juste, Gouyonnas, on t'a trompé, tes amis abusaient de la confiance. Cemplis, le disciple des philosophes t'expliquera le juste le beau, et tu seras heureux sans les applaudissements, sans les honneurs !

AU CABANON DE GOUYONNAS

La lutte électorale bat son plein dans la Salente. Les murs se colorent, les esprits s'échauffent, les Salentais transpirent dans les salles envahies.

Aujourd'hui, dimanche, Gouyonnas, le candidat magasinier, s'est octroyé un jour de repos.

M. et Mme Gouyonnas, après le repas de midi, dégustent leur liqueur préférée sur la terrasse attenante au bastidon. L'ombre, projetée par les deux grands platanes sur la tonnelle, au treillis cramponné par la vigne dorée ; le jet d'eau irisé qui murmure dans la cascade cimentée, entretiennent une douce fraîcheur.

Affalé dans un fauteuil d'osier, jambes étendues, bras pendants Gouyonnas semble jouir en gourmet des charmes d'un repos bien gagné.

Il admire les formes opulentes, très légèrement voilées de sa Nina ! Nina, assise devant lui dans une pose allanguie ; les paupières mi-closes sur ses beaux yeux cerclés de brun : adorablement provocante...

L'imagination de Gouyonnas s'échauffe au souvenir de ces chairs frémissantes, tant de fois caressées, baisées, aimées...,

Gouyonnas fait un effort, tend ses nerfs, veut raidir ses muscles...mais, les fatigues de réunions publiques, l'amour du farniente, arrêtent cet effort... Gouyonnas se défend s'apaise... il reste contemplatif !

Contemplatif devant la belle créature à laquelle Ferrier, l'horreur !!... l'unit jadis au palais du municipe ; cette belle créature dont il le fit époux légitime et possesseur unique ??

Gouyonnas à ses pensées, Nina aux siennes, tous deux sont las et heureux. Long silence...

NINA GOUYONNAS *doucement, murmurant, susurrant presque.* — Alors Baptistin, tu es fatigué ?

BAPTISTIN GOUYONNAS *sans bouger de sa chaise, mais avec une certaine énergie vocale.* — Non, ma chérie, j'emmagasine mes forces pour la lutte... pour demain !

NINA *souriante*. — C'est vrai, demain tu recommence. Ce pauvre Ferrier, vous en viendrez à bout.

GOUYONNAS *s'est dressé sur son séant*. — Il le faut, nom de Dieu ! Il le faut ! (*Il est superbe d'énergie, un imperceptible sourire glisse sur les lèvres vermeilles de Nina*).

NINA. — Ah ! c'est une lutte qui m'aura procuré bien des satisfactions, bien du plaisir.

GOUYONNAS *sourit à son tour, mais orgueilleusement*. — Ah ! ma chère Nina ! tu as raison. Il y a de la joie dans cette lutte ! Heureusement ! s'il n'y avait pas quelques compensations... Voyons, entre nous, toi aussi, n'auras-tu pas quelques satisfactions ? (*Nina étouffe un rire*) Quand ce ne serait que le titre : Madame Gouyonnas, conseillère (*il rit, Nina ne se gêne plus et rit comme une petite folle*), conseillère au municipe. (*Il s'anime*). Les visites à Louko, la place aux cérémonies, les scribes et les fourriers nous saluant jusqu'à terre (*Gouyonnas a gonflé sa poitrine, un bras dans l'échancrure de son léger péplum, l'autre bras derrière son dos, au-dessus de ses fesses prohéminentes. Il plastrone !*) Mais au fait, pourquoi ne viens-tu pas dans quelques réunions. Tu me verrais à la tribune ; je l'arrange Ferrier, va ! Ça t'amuserait.

NINA. — Oh ! Baptistin, tu me connais, je préfère rester à la maison. D'ailleurs je lis tout ce qui s'est passé dans le *Bavardage salentais* et le *Soleil de Provence*.

GOUYONNAS. — A propos, j'aurais désiré voir Faucheur. Ce lascar ne vient pas dans mes réunions et il flanque dans son journal des comptes-rendus absurdes. Hier, dans le procès-verbal de

son journal il a mis mon nom à côté des fiolis (*ce
mot en langage salentais, désigne les prêtres de
Baal et leurs défenseurs*). C'est embêtant. Je sais
bien qu'on ne peut pas être partout à la fois. (*Nina
sourit*). Nous nous partageons le travail. (*Nina se
cache la figure prête à éclater de rire*) mais il a
tort de faire les compte-rendu sans se rensei-
gner... Il fait des bêtises !

NINA, *joyeuse, payant d'audace*. — Bah ! Quelques bêtises, ça n'a pas d'importance.

GOUYONNAS. — Eh ! Eh ! Plus que tu ne crois.
En politique, il faut surtout, ne pas passer pour
un imbécile.

NINA. — Oh ça n'empêche pas de réussir (*ahu-
rissement de Gouyonnas*), regarde Descanaillus.

GOUYONNAS, *riant*. — Oh lui ! C'est pour cela
qu'il arrive. Il a de la chance, l'animal ! Quelle
chance !

NINA. — Tu n'en manque pas toi, allons !

GOUYONNAS. — Je n'ai pas à me plaindre, c'est
vrai j'ai un succès fou, et entre nous, c'est un
peu grâce à Faucheur. (*Nina rit toujours, de son
rire équivoque*). Avec ses ordres du jour, ça va
toujours, applaudissements sur toute la ligne.
Ah ! je voudrais que tu voies cela.... (*Gouyonnas
s'anime, il se croit à la tribune, prend la pose,
mime... et finalement, emballé, déclame de sa
voix claironnante*). Citoyens de Salente ! C'est la
faute à Ferrier, à ce Ferrier maudit si... (*Nina
laisse éclater son rire joyeux, Gouyonnas l'imite,
son ventre à l'aise sous sa ceinture lâchée, se tré-
mousse joyeusement*).

Sur ces rires entre Faucheur, gai, haut en couleur,
la moustache blonde, plus conquérante que jamais.
A l'aise comme chez lui, il prend la main que
Gouyonnas lui offre, il met sa main dans la main de
Nina. L'effusion est grande entre les trois amis. Il
garde toujours leurs mains dans les siennes et pres-

se singulièrement celle de Nina, qui lui rend d'ailleurs ces marques particulières de particulière amitié.

GOUYONNAS. — Ah ! mon cher Faucheur, je ne
vous attendais pas. Comment va ? Ça marche !

FAUCHEUR, *une pression sur la main de Nina.*
— Si ça marche, je comprends, vous êtes prêt
pour ce soir.

GOUYONNAS, *surpris.* — Pour ce soir ? Où ça ?
Comment ?

FAUCHEUR. — Mais à la salle Chrétiennus. On
vous attend, à l'apéritif et ce soir au cours Belzonni.

GOUYONNAS. — Allons donc, j'avais dit que aujourd'hui.....

FAUCHEUR. — Mon cher, vous ne comprenez
pas la situation, j'ai promis votre présence, vous
ne devez pas laisser le parti fioli prendre le des-
sus chez Chanito. Si vous n'êtes pas, aujourd'hui,
à ces deux réunions.....

GOUYONNAS. — Sacrebleu ! Je le disais hier à
Chanito, prenez garde aux fiolis, mais je ne sa-
vais pas...

FAUCHEUR, *presse la main de Nina à plusieurs
reprises.* — Vous ne pensiez pas qu'ils avaient organisé deux réunions pendant que vous alliez en
ballade. Mon cher Gouyonnas, si dans ces réunions chez Chrétiennus et au café du Platane,
cours Belzonni, la fraction..... pâle de la liste Chanito ne trouve pas devant elle la fraction... rouge,
tant pis..... vous serez trompé par..... (*Encore un
signe à Nina*) ces jésuites-là. (*Cette fois c'est Nina
qui, de sa légère cothurne, lui fait signe. Faucheur va trop loin, c'est imprudent !*)

GOUYONNAS, *pensif.* — C'est vrai pourtant ! *s'a-
nimant.* Ces cochons-là ! Il faut arrêter leurs ma-
nigances.

FAUCHEUR. — Parfaitement, mon cher. En politique il faut se défendre.

GOUYONNAS. — Ma foi, je vais y aller. Qu'en dis-tu Nina ? (*Nina fait un geste qui semble dire, Comme tu voudras*). Il le faut ! nom d'un nom, il le faut ! (*Il semble regretter cette terrasse abritée, ce fauteuil accueillant, la fraîcheur de la petite cascade. Il pense à la fournaise dans Salente ! La fournaise de la réunion publique ! Gouyonnas hésite.*)

FAUCHEUR, *à Nina*. — Ah ! Madame Nina quand on commence quelque chose... Il faut arriver au but...

GOUYONNAS, *l'interrompant résolu.* — Il faut y arriver, je pars. (*A Faucheur*). — Dites-moi, mon cher ami, rédigez-moi donc un ordre du jour tapé, pour la réunion Chrétiennus. Pendant ce temps je vais m'habiller. (*Malin, clignant de l'œil, un coup sec de son poing fermé dans l'air, le pouce vertical, à la façon salentaise*). — Ce que je vais les embarquer ! (*il pirouette en riant bruyamment et rentre dans le bastidon.*)

NINA et FAUCHEUR, *pour des causes différentes rient avec Gouyonnas.* — Hi ! hi ! hi ! ! !,,, Ah ! ah ! ah ! ! !

FAUCHEUR, *baise vivement la main de Nina.* — Quel embarquement. Hein ! ! !

NINA *fait une jolie grimace, gaie et malicieuse qui semble dire.* — Pauvre Gouyonnas.

FAUCHEUR *bruyamment, déplaçant beaucoup d'air.* — Sapristi, où avez-vous mis l'écritoire.

GOUYONNAS *de sa chambre.* — Dans le salon, ouvrez le secrétaire. Dépêchez-vous, je suis prêt dans un instant.

FAUCHEUR *a trouvé l'écritoire sur la terrasse, il griffonne à la hâte l'ordre du jour demandé par*

Gouyonnas. Il échange quelques signes promet-
teurs et impatients avec Nina. Dictant son ordre
du jour. — Citoyens de Salente. C'est la faute à
Ferrier si..., etc., etc.

GOUYONNAS *arrive, prêt à partir au combat élec-*
toral. — Eh bien, Faucheur ?

FAUCHEUR *gâiement et équivoque.* — Ah mon
cher, il faut un peu plus de temps, de préparation, pour faire quelque chose de bien. Tenez
Gouyonnas, prenez toujours cet ordre du jour
pour Chrétiennus. Je vous en préparerai un épatant pour ce soir au platane, cours Belzonni. Ça
va ?

GOUYONNAS. — Ça va ! je prends celui-ci, je le
lis en route pour les développements et vous m'ar-
rangez mon affaire, pour ce soir. Entendu !

FAUCHEUR *toujours équivoque.* — Je ferai de
mon mieux et vous serez servi à souhait.

NINA, *amusée.* — Mon cher Baptistin, que de fatigues.

GOUYONNAS *déclamant, ironique et content.* —
C'est la lutte, qu'importe la fatigue. Il faut détruire Ferrier, comme dit Chanito ! Faucheur, je
compte sur vous pour faire quelque chose de tapé,
allons, à ce soir (*solennel et comique avec un*
grand geste). Il faut sacrifier le plaisir sur l'au-
tel du devoir ! (*Il rit satisfait de son bon mot. Nina*
découvre ses jolies quenottes. Faucheur, hilare,
crie bravo. Poignées de mains, conduite à la
porte).

GOUYONNAS, *ravi, content, conquérant, etc.* ..
Soignez-moi ça, hein, Faucheur !

FAUCHEUR. — Tout ira bien, je vous l'apporte-
rai tout chaud avant la réunion au café Platane.
A ce soir.

Et Gouyonnas gagne la route de Salente. Nina et
Faucheur le suivent du regard longtemps.......Ils

échangent de loin des signaux amicaux et joyeux.

La porte se referme...... Nina et Faucheur se tendent les bras et s'étreignent follement......Ils gagnent le bastidon sans relâcher l'étreinte, amoureux, ardents, se baisant à bouche-que-veux-tu......Dans le bastidon les rires et les pamoisons de Nina résonnent clairs sous les folles caresses de Faucheur......

La besogne serait faite.. Oh Gouyonnas ! Gouyonnas de son côté, poursuit sa route.....Il songe au triomphe de l'artiste Chanito, il lit et relit l'ordre du jour de Faucheur avec lequel il pulvérisera son adversaire chez chrétiennus.

Gouyonnas est content, tout le monde l'est alors !

Et c'est grace à Ferrier !

Alors vive Ferrier !

APRÈS LA BATAILLE

La bataille électorale est terminée à Salente. Le docteur Miretti avec sa liste de républicains roses, est anéanti ; Ferrier, avec ses rouges et son mot intégral, a un peu effrayé les tièdes et les timides ; il a conservé bien juste le même nombre de partisans. Le triomphateur, c'est Chanito ; avec sa liste de blancs et de républicains jaunes, Chanito a gagné la bataille et le palais du municipe !

Louko, a réussi ses machiavéliques combinaisons. Ferrier est à terre, avec le parti des républicains ! Chanito triomphe avec le parti des Césars !

Louko paraissait satisfait, Fabibi, l'écrivain, ami des lettres et de Cemplis, mais dont le talent est au service de toutes les besognes, expliquait dans le *Soleil Provençal*, que le triomphe de Chanito, était le triomphe des répulbiques ainsi que l'affirmait Louko, lorsque, ? ?...

Dans le municipe Saloni, près Salente, un membre du pouvoir du centre, Kamillo Belletignas, est arrivé, au lendemain de la bataille. Louko est allé saluer son chef hiérarchique à Saloni !

Dans la grande agape officielle offerte par les notables des municipes de toute les provinces, Louko, conformément à l'usage, veut porter une santé aux Républiques. Aussitôt, les huées de toute l'assemblée, ont couvert sa voix. Les cris de : Vive Ferrier ! A bas Chanito ! A bas Louko ! poussés par les nombreux et notables assistants, ont prouvé, de péremptoire façon, au membre du pouvoir du centre, Kamillo Belletignas, que Louko est traite aux républiques et qu'il a livré Salente au parti des Césars.

Louko, dut quitter précipitamment la fête dans son char rapide et rentrer bien vite à Salente, en son palais doré.

Il attend, anxieusement sa condamnation, son cas est clair ! Pour les traîtres : la mort ou l'ostrascisme ! Louko, Louko, esprit méchant et tortueux, tu en as trop fait.

A Salente, la scène des agapes de Saloni a été une révélation.

Déjà tout Salente s'aperçoit que l'échec de Ferrier, c'est le triomphe des prêtres de Baal, des partisans des Césars, de la Société éclaireuse de Salente. Mais il est trop tard, le vote est acquis pour deux années.

Le jour de l'installation de Chanito au siège du municipe. le peuple salentais maintenu à grand peine, a déjà manifesté son indignation. Le malheureux Chanito, sous la garde des policiers, a regagné son logis sous les huées et les cris de mort des salentais.

L'effervescence continue à Salente ! Chanito, qu'as-tu fait, en couvrant du manteau de ton ancien répu-blicanisme rose, les blancs et les jaunes électeurs. Qu'as-tu fait ?..... Tu y laisseras ta santé, malheu-reux Chanito ! Et une autre chose très précieuse....... peut-être !......

Sur la jolie terrasse de son cabanon, Gouyonnas a réuni quelques amis magasiniers, dont Montusi. Le disciple des philosophes, le doux Cemplis a été invité.

Nina Gouyonnas, un peu délaissée par l'inconstant Faucheur, toujours belle pourtant, verse les boissons glacées, tandis que la lente parole de Cemplis, fait pénétrer un peu de lumière dans les cerveaux anky-losés des magasiniers. Ces intelligences alertes, as-tucieuses, pour tout ce qui concerne le commerce, l'agio, les vols légaux ou consacrés par les usages sont réfractaires aux nobles pensées des philosophes.

Cemplis sait l'adultère de Nina. Il plaint Gouyon-nas, il désire instruire ce simpliste et le soustraire au ridicule. Hélas, la besogne est difficile. La suf-fisance, la confiance de Gouyonnas, paraissent sans bornes, infinies, comme la mer qui baigne le rocher. Ce rocher sur lequel est assis le cabanon de Gouyon-nas ; cette mer profonde et tranquille dont l'émerau-de transparente, se mêle dans la brume lointaine, à l'azur transparent du ciel.

CEMPLIS *continuant une conversation et élevant la voix.* — Mes amis, vous avez tous été trompés. Tous, vous avez défendu ceux qui vous exploitent le plus contre ceux qui vous défendaient le mieux !

UN MAGASINIER. — Par exemple ! Ferrier...

GOUYONNAS. — Chut, laissez parler !

CEMPLIS *doux et persuasif.* — Oui, mon ami,

Ferrier vous défendait mieux que Chanito ne pourrait le faire.

SECOND MAGASINIER *se levant en colère.* — Entendre des choses pareilles...

GOUYONNAS *s'approche du magasinier, lui met une main sur l'épaule, le fait asseoir et d'un ton amical et protecteur.* — Assieds-toi, tu vas comprendre tu verras... (*appuyant le mot suivant d'un geste plus énergique*). Escouttte !

LE MAGASINIER, *incrédule.* — Comment, c'est toi Gouyonnas, qui croit... ?

GOUYONNAS, *autoritaire et bon enfant, avec des gestes vastes, énormes.* — Assieds-toi là, je te dis. Assieds-toi.

CEMPLIS, *toujours calme.* — Je comprends votre étonnement, mes amis. Depuis dix ans, le *Soleil Provençal* et le *Bavard Salentais* vous répètent que Ferrier est cause de tout le mal à Salente ! — C'est la faute à Ferrier — est devenu proverbial.

TOUS LES MAGASINIERS *poussent des soupirs dont l'ensemble forme un énergique acquiescement aux dernières paroles de Cemplis. Gouyonnas lui-même paraît faire de très fortes réserves à l'égard de Ferrier.*

CEMPLIS. — Eh bien, non, mes amis, il faut raisonner ! Les impôts augmentent, c'est vrai ! (*Tous les assistants opinent et pensent à Ferrier*) mais regardez les autres municipes. Les impôts établis par le pouvoir central sont les mêmes ; les affaires périclitent davantage qu'à Salente. (*Les magasiniers sont inquiets.*)

UN MAGASINIER. — Alors, nous ne pouvons plus vivre ! Avec nos familles, il faut mourir ?

CEMPLIS, *effrayant de tranquillité.* — Oui, commercialement, c'est l'inévitable. (*Des cris, des oh ! des ah ! se font entendre.*)

GOUYONNAS, *avec l'autorité du maître de maison et le pointu de sa voix claironnante.* — Silence ! Silence, nom d'un nom !

MOTUSI. — Messieurs, je sais où en veut venir M. Cemplis. Je vous le déclare, je crois, en effet, qu'il existe des causes profondes au mauvais état des affaires et que la ruine du petit commerce est générale... (*Les magasiniers sont stupéfaits ! Des mains se levant désespérées et retombent en claquent sur des cuisses grasses ; des croisements de bras sur de larges poitrines ; des hochements de tête ; des fronts plissés, expriment la surprise, l'inquiétude... Les magasiniers pensent... un peu ! ! !*

CEMPLIS, *toujours calme.* — Oui, vous mourrez tous ! Et vos magasins disparaîtront ! C'est votre destin inéluctable. (*Ce mot semble répandre une muette terreur !*) Fatalement les grands magasins — tel le Sommeil du Tigre — qui ont remplacé les modestes petites boutiques, tenues par la famille, disparaîtront à leur tour, supplantées par des établissements plus vastes encore, tels, les Galeries Modernes. (*Les magasiniers sont atterrés, deux ou trois, dont la fortune est faite, semblent dire : C'est peut-être vrai, tant pis ; que les autres se débrouillent. Cemplis continue.*) Demain, conformément à cette loi d'évolution économique, la coopération, le collectivisme, les remplaceront ou les exproprieront. Ces trusts, ces exploitations formidables sont les vraies causes de la misère, de la gêne. Les Mastodontes commerciaux et industriels, créent quelques fortunes formidables et créent la misère pour le plus grand nombre. Concentration des capitaux, extension du paupérisme ! (*Cemplis a fini, il juge en avoir assez dit pour des cerveaux peu accoutumés à ces discussions. D'ailleurs les magasiniers ont compris que les affaires ne marcheront pas mieux sous Chanito, que sous Ferrier, et qu'ils ont, en pure perte, voté avec les prêtres de Baal et*

les partisans des Césars pour Chanito. Les conver-
sations continuent.)

Nina Gouyonnas, dans son coin, a écouté en s'éventant mollement. Nina n'a absolument rien compris aux paroles de Cemplis, mais elle a remarqué l'énergie tranquille de cet homme.

Nina est songeuse, l'inconnu attire sa cervelle d'oiseau ; sa coquetterie de femme belle et aimée veut se faire remarquer par cet homme étrange. Elle s'approche de Cemplis, un verre d'hypocras fumant à la main. Elle offre la boisson avec des gestes calins, des regards singuliers. Cemplis est pris de vertige il ferme les yeux devant cette belle créature qui semble offrir un peu d'elle-même, en offrant le verre qui tremblote dans sa main.

Nina est fière, elle sent qu'elle a impressionné Cemplis.

De son côté, Gouyonnas exulte.

Confusément, il voit se former un parti politique dans sa maison. La pensée de Cemplis — assez vaguement — a frappé tous ses amis les magasiniers. Son imagination de salentais, bâtit, en une seconde, un système nébuleux d'opposition à Chanito, dont il pourrai têtre le chef. Gouyonnas rayonne, il s'approche de sa Nina et ?... pratique, intéressé, ?.. pour s'attacher peut-être un conseil avisé, il maintient Cemplis et sa femme, dans une sorte d'étreinte. Etreinte formée ~~~ ses gros bras courts, les prenant chacun à la nuque et rapprochant leurs visages...

Gouyonnas semble protéger une amitié naissante?? Cemplis paraît embarrassé !??? Nina se pâme à demi à de vagues espoirs ???...

Ah Ferrier ! Quel trouble dans Salente. Si tu n'avais pas démissionné chacun, bien sage, restait **chez** soi ! Cest ta faute si . . . . ? ? ? . . . . .

Encore la faute à Ferrier !

la gerbe d'or. Aussi, Ouga et Zivani, se présentent comme délégués de la presse hebdomadaire et mensuelle, comme littérateurs et artistes.

VITTORINO *revêtu de son plus beau peplum, le front ceint du ruban safran, couleur allégorique du nouveau Conseil ; à son poste de gardien, accueilleur ou repousseur, selon les cas. Vittorino connaît ces Salentais planteurs et récolteurs, il se prépare à repousser poliment leur... attaque. —* Que voulez-vous, généreux Salentais ?

ZIVANI *parle seul. Ouga opine toujours du bonnet. Ouga n'a pas l'exéburante élocution des Salentais, c'est pourquoi il s'est associé son parent Zivani.*

— Veuillez, gardien, annoncer au nouveau chef du municipe la délégation de la presse mensuelle et hebdomadaire.

OUGA, *avec sa tête, fait oui, oui !*

VITTORINO *darde ses yeux ébaudis sur ces représentants délégués, suivis d'un esclave pliant sous le fardeau précieux d'une gerbe d'or colossale. Vittorino est ébloui par les ors brillants et les titres de la délégation. Les mots mensuelle et hebdomadaire l'ont abasourdi. Ses projets évinceurs s'évanouissent, devant ces ors et ces mots magiques. Un sourire accueillant, presque gracieux, remplace instantanément la moue maussade sur son visage.* — Asseyez-vous, honorables Salentais, je vais vous annoncer à M. Chanito. (*Il entre dans le cabinet du chef du municipe, en sortun instant après et du ton le plus gracieux, avec une demi révérence*) : Le chef du municipe prie MM. de la délégation de bien vouloir attendre quelques minutes.

OUGA *et* ZIVANI *rendent obséquieusement le salut et s'asseyent silencieux.* — Bien, nous attendons M. le Maire. (*L'esclave reste debout avec l'im-*

mense gerbe d'or des littérateurs, des artistes et de la presse, etc.)

Pendant ce temps la salle du municipe s'emplit de Salentais, curieux de voir le successeur de Ferrier. Des amis de Descanaillus, affublés du titre de syndics des pêcheurs d'eau douce et d'eau trouble, apportent aussi une petite gerbe de fleurs.

Dans la pensée de Descanaillus, il faut compenser le mauvais effet de la manifestation populaire et de la conduite désagréable faite la veille dans la rue par le peuple salentais à Chanito. Ils attendent aussi.

Descanaillus, cligne de l'œil à Ouga en lui désignant sa gerbe immense. il fait le geste spécial aux salentais — poing fermé, pouce vertical, coup sec de l'avant-bras dans l'espace. — Cela veut dire : Je te fais mes compliments ! Zivani, en réponse, recligne de l'œil !

— Ouga en fait autant !

Tous les trois se sont compris, ils sont d'accord et collègues.... Braves gens !

La salle s'est emplie peu à peu. La gerbe d'or (des artistes et de la presse heb... etc.), attire tous les regards.

Ouga et Zivani sont émus. Vitorino baisse la tête, Descannaillus hausse la sienne... la porte du cabinet s'ouvre, Chanito paraît.

Comme il semble petit dans le cadre de la vaste porte !Beaucoup plus petit que Ferrier ! Sa moustache retroussée, son menton proéminent, son geste fébrile dénotent un caractère moins doux que son prédécesseur.

Chanito s'avance raide, sec, comme un sergent de la milice, vers les délégations.

Les regards ont quitté la gerbe d'or et se portent vers le nouveau chef du conseil.

Chanito rayonne !

Zivani veut parler et perd le fil de son discours, pourtant il sait bien ce qu'il veut... ?? Ouga aussi...?? Mais ils tremblent devant le nouveau maire.

Descanaillus de sa voix monocorde, son faux sourire, figé sur son visage tanné par les gifflos reçues dans l'ancien Conseil, Dscanaillus, parle avec une emphase menteuse et officielle.

DESCANAILLUS. — Noble citoyen des Républiques, chef du municipe salentais, cher citoyen Chanito, j'ai l'honneur de vous présenter les syndics et la délégation des pêcheurs en..... (*il bredouille le mot qui suit*) j'ai également l'honneur de vous présenter les délégués de la presse de Salente. Tous, vous apportent l'assurance de leur dévouement désintéressé aux républiques et à vous-même. Permettez-moi d'y joindre..... le mien et celui du peuple qui nous entend ! (*Il s'incline profondément devant Chanito.*)

ZIVANI *susurre un* Parfaitement ! *Il s'incline profondément comme Descanaillus.*

OUGA. *Toujours avec sa tête fait* Oui, oui ! *son gros dos rond se courbe, à faire craquer sa ceinture de laine.*

CHANITO *souriant, planant, pontifiant, heureux.* Citoyens, dites à ceux que vous représentez ici, que les républiques n'ont pas de meilleur défenseur que celui qui vous parle. Avec les nouveaux conseillers du municipe, nous allons travailler à réparer les fautes du passé. Nul abus ne sera commis sous notre administration vigilante. (*Ouga, Zivani et Descanailles se regardent inquiets. Les Salentais présents qui ont pu pénétrer par la volée de droite de l'escalier, crient Bravo ! bravo.*) Nous relèverons le travail à Salente, avec l'aide de Dieu, la Patrie..... *bravo ! bravo !* Nous taxerons la viande, nous fermerons les lupanars infâ-â..... *Bravo ! bravo ! Il s'emballe.* Nous sommes ici par la volonté du peuple, nous n'en sortirons que..... *cris : jamais ! jamais ! A bas Ferrier ! Vive Chanito ! Chanito sourit, il incline majestueusement sa tête avec son raide sourire et daigne se retirer.*

Le dos rond de Ouga reste longtemps courbé. L'esclave, sur un signe de Vittorino, a le temps de porter la gerbe d'or dans le cabinet de Chanito et de revenir près de son maître avant qu'il se soit redressé.

DESCANAILLUS. — Eh bien, Ouga, vous êtes satisfait de l'accueil. Du temps de Ferrier...

Zivani. — Oh ! ne parlons plus de cet homme, c'est fini. Parlons de l'avenir.

Descanaillus, *ne sachant pas trop ce qu'il dit.* — L'avenir ? Euh ! Euh ! nous avons des projets de...

Ouga. — Ah ! Ah ! *Ses yeux déjà ronds, s'ouvrent démesurément.*

Zivani, *interrogateur à Descanaillus.* — Des projets d'illuminations, M. Descanaillus ? Nous pouvons avec mon parent et associé Ouga, illuminer tout Salente et pour la plantation des drapeaux, nous...

Descanaillus, *l'interrompant.* — Venons plus loin, nous causerons. Maintenant que Ferrier est parti, je suis un peu le maître ici...

Zivani *a compris peut-être plus que son parent, aussi il est inquiet, il cherche à flatter Descanaillus en débinant Ferrier.* — C'était un autoritaire cet homme !

Descanaillus. — Oh ! Oh ! J'en ai eu raison moi ! *Il cambre sa taille, relève sa tête, fier et bravache inconscient.* On ne se bat pas avec un Descanaillus !... Ce Ferrier avait toutes les audaces. C'est sa faute si...

GOUYONNAS CHEF DE PARTI

La dernière réunion des magasiniers au cabanon de Gouyonnas a porté ses fruits.

Les paroles de Cemplis, expliquant quelques causes de leur déconfiture commerciale à ces petites cervelles ; l'ambition de Gouyonnas, son désir de se lancer dans l'arène politique et être quelque chose..... ? Pauvre Gouyonnas ! La coquetterie de Nina, désireuse de revoir Cemplis ; le mauvais état des affaires des magasiniers dont la vente baisse d'inquiétante façon ; toutes ces causes ont préparé une nouvelle réunion. Gouyonnas, sur le conseil de ses amis, les réunit à son cabanon !

Loin du bruit de la foule, dans le calme propice aux réflexions profondes ; dans le recueillement nécessaire à l'élaboration des plans, des systèmes et des combinaisons nécessités par les situations graves et compliquées, cette réunion d'intérêts, d'ambitions de peurs, de nullités, de Gouyonnas magasiniers, va avoir lieu !

Gouyonnas, écrivit à Cemplis, celui-ci refusa sous un prétexte poli. Gouyonnas sur les conseils de Nina, insista tant et tant que le pauvre Cemplis dût s'exécuter et faire acte de présence.

Pauvre Cemplis, il aimerait apporter un peu de lumière dans ces esprits obtus, mais ses maîtres lui ont appris les dangers de la passion, la nécésité de faire dominer l'esprit sur la chair, et ses petites secousses ! Cemplis, fidèle à son premier amour, fidèle à la parole donnée et à l'amitié de son amie, Cemplis redoute les avances de Nina Gouyonnas.

Courra-t-il les dangers du mal, pour accomplir un peu de bien ? risquera-t-il sa vertu pour sauver les autres de l'erreur ? Cemplis après avoir consulté ses maîtres, qui lui ont rappelé l'exemple du vertueux fils de Jacob et de Rachel, résistant aux avances de Putiphar, Cemplis, le cœur rempli de crainte, plein de courage cependant, a pris, rêveur, le chemin qui conduit au cabanon de Gouyonnas !

La Corniche, cette superbe route salentaise, est poudreuse, malgré l'heure matinale. A gauche, les rochers surplombant le chemin, laissent pendre leur chevelure de feuillage ; les lauriers-roses, les cactus boursouflés, émergent du fouillis de verdure, quelques sources murmurent dans la mousse des crevasses ; les coquettes villas des salentais, enrichis dans les négoces et les trafics heureux, s'étagent sur le versant des collines, ombragées sous les éventails des pins, embaumées par l'air salin et les senteurs d'une flore merveilleuse.

A droite, la mer !... turquoise, émeraude, moussante, écumeuse, transparente et limpide. La mer ?... Cemplis contemple l'insondable et belle immensité piquée au loin par les rochers embrumés dans la buée matinale. Cemplis pense au cœur de Nina, comme la mer, insondable et changeant ; capricieux et apeurant ! Cemplis est angoissé ! La marche lente dans l'air frais et printannier, le beau spectacle de cette belle nature reposante, calme son esprit inquiet! Il avance, Cemplis, courageux, vers le devoir à accomplir, vers l'écueil à éviter.

Les magasiniers vu l'importance de la situation à examiner, sont déjà arrivés. Cemplis voudrait se dissimuler modestement, mais...

Gouyonnas. — Té ! vé ! M. Cemplis ! Va ben ? *(Et ce sont des poignées de mains et des gestes grandiloquents, vastes, bruyants.)* M. Cemplis, arrivez donc ! Par ici ! Là....

(Nina, silencieuse mais plus empressée encore que son mari, a pris la main de Cemplis et, féline, caline, le fait asseoir près d'elle. Les magasiniers s'approchent et présentent leurs civilités. Nina s'éloigne devant ces intrus et court au cabanon, préparer l'hypocras réconfortant.)

Un magasinier. — Ah ! M. Cemplis, depuis notre dernière réunion, nous ne dormons plus. Les affaires, comme vous le dites, vont aussi mal sous Chanito que sous Ferrier, nous sommes désespérés.

Cemplis, *fatigué sans doute, répond à peine.* — Oui, mes amis, oui, aussi mal, plus mal peut-être !

GOUYONNAS. — Il faut organiser quelque chose, une ligue. La ligue des magasiniers !

UN MAGASINIER. — Qu'est-ce que nous ferons avec cette ligue ? Chanito s'est défilé, sous prétexte d'entretenir le pouvoir du centre d'affaires, déja solutionnées par Ferier. Il nous laisse, après nous avoir...

AUTRE MAGASINIER. — Avons-nous été assez... sots ? Assez ?... Nous l'avons aidé à satisfaire son amour-propre et à assouvir sa haine mauvaise contre Ferrier, voilà tout.

GOUYONNAS. — Et dire que tous, nous avons été... embarqués (*mot salentais qui signifie trompés*). il faut nous venger, nom d'un nom !

UN MAGASINIER. — Ça ne se passera pas comme ça ! Et les quartiers du palais du municipe, ils n'en parlent plus ces mâtins-là !

AUTRE MAGASINIER. — Et le second magistrat qui, hier, a promis de continuer l'œuvre de Ferrier !

TROISIÈME MAGASINIER. — Et la régie des danseuses qu'ils ne suppriment pas.

QUATRIÈME MAGASINIER. — Ils suppriment le gagne pain de quelques pères de famille employés au municipe, c'est pas généreux ! Ferrier au contraire a placé des adversaires, décidément ?...

AUTRE MAGASINIER. — Voilà qu'on parle de laisser la compagnie éclaireuse, avec son tarif exorbitant, ils reprennent le projet de Ferrier.

UN PETIT MAGASINIER *dont la clientèle est fidèle aux prêtres de Baal, ce qui l'oblige à être partisan des prêtres.* — Ils ont promis par la bouche du magistrat délégué à l'instruction, de conserver les subventions accordées par Ferrier aux écoles des philosophes, c'est infâme !

GOUYONNAS. — On ne se moque pas plus impudemment des gens. Promettre tout, et ne rien faire...

CEMPLIS, *interrompant et avec un sourire amer.* — C'est toute la politique des politiciens.

Un magasinier. — Mais M. Cemplis, Chanito passe pour un honnête homme. Je le connais, moi.

Cemplis. — La haine mauvaise, mon ami, dominait tout autre sentiment chez Chanito. On vous a excité, tous, contre Ferrier et vous avez servi, non seulemnet la haine mauvaise; mais des intérêts vils, à côté !

Gouyonnas, *combattif*. — Oh ! mais nous défendrons les nôtres, vous verrez.

Cemplis, *tranquille et incrédule*. — Comment, Gouyonnas ?

Gouyonnas. — Mais en nous unissant, en nous organisant.

Cemplis, *un peu ironique*. — Vous organiser, dans quel but, pourquoi faire ?

Gouyonnas. — Eh ! parbleu pour faire de l'agitation ! Afin de les forcer, ces lascars, à s'occuper de nous, nous leur mettrons l'épée dans lesreins.

Tous les magasiniers. — Parfaitement, nous nous organisons, Gouyonnas, prenez la tête du mouvement, nous vous suivrons ! Allez, Gouyonnas, de l'énergie.....

Gouyonnas, *ravi*. — J'accepte, mais je compte sur votre dévoûement. Nous allons former une ligue importante. La Ligue des magasiniers de Salenté, nous... (*Gouyonnas continue.....*)

Cemplis s'est retiré dans un coin de la terrasse. Accoudé sur la balustrade ajourée, il contemple le magnifique spectacle de la mer onduleuse plus brillante, sous les rayons du soleil qui s'élève.

Cemplis pense à ces magasiniers qui se révoltent contre ce qu'ils ne savent pas, ce qu'is ne connaissent point ! Contro un fatalité inéluctable, Cemplis, les plaint, il pense, il rêve, à l'avenir social, bien lointain, bien long à venir ; à cette vie facile pour les hommes lorsque l'intérêt vil ne suscitera plus les crimes et choses infâmes.

Il pense qu'il y aura toujours assez de jalousies de haines, de passions entre les hommes, sans y ajouter celles que l'argent, le culte du veau d'or détermi-

Cemplis pense à ces fortunes mondiales, effrayantes, faites en quelques coups hardis de spéculations heureuses, et sa pensée se porte vers les intérieurs misérables de ceux qui travaillent toute une vie et souffrent pendant la vie entière.

Cemplis pense à cette lutte pour lexistence si dure pour celui qui produit la richesse, le prolétaire ! il pense à cette vie brillante, et cependant inquiète des écumeurs du travail, les spéculateurs.

Il pense à ces magasiniers qui, derrière lui s'agitent dans leur détresse insurmontable, dont les colères contre leur sort inéluctable ont servi les vengeances et les appétits des politiciens.

Cemplis pense à Ferrier qui s'appliquait à tirer des coffres des spéculateurs et des riches un peu de bien-être pour le répartir entre ces petits et ces victimes ; à Ferrier qui appliqua son effort sincère à la transformation sociale, favorable aux petits salentais, qui travailla dix ans de sa vie et dont la tête blanchit, dont le visage se creusa de rides au municipe ; à Ferrier, qui vieillit de vingt années à lutter contre les exploiteurs et ne fut récompensé que par la haine des éternels exploités.

Cemplis, envie le sort amer et âpre de Ferrier, retiré dans une modeste ferme comme Cincinnatus l'ancien. Les honneurs les palmes d'Ouga, les aubades reçues par Chanito, sa vengeance assouvie, la révocation des quarantes pères de famille décrétée hier, l'inexécution des promesses faites, toutes ces actions mauvaises lui font préférer la chute de Ferrier à la victoire de Chanito, et il pense à l'ingratitude des Salentais, de tous les hommes à l'égard de leurs amis sincères...

...Cemplis, toujours accoudé, penche son front pensif sur son bras appuyé. Les petites vagues d'écume se brisent dans les déchiquetures des rochers.

Derrière lui, Gouyonnas bâtit des projets ambitieux sur la colère des magasiniers à l'égard de Chanito.

À ces murmures, sous la chaleur qui s'élève, Cemplis s'endort... rêvant...la collectivité salentaise organi-sée... les citoyens des républiques trouvant dans le travail organisé une facilité de vivre inconnue aujourd'hui... la spéculation, l'exploitation... Cemplis rêve et lorsque Nina Gouyonnas arrive avec le verre d'hypocras fumant, elle le regarde tendrement, dépose près de lui la boisson tiède et se retire près des éternels discuteurs, occupés à rédiger les statuts d'une ligue d'opposition chargée de défendre les intérêts des magasiniers salentais. Gouyonnas est chef d'opposition.

Après Ferrier, Chanito !

L'AMOUR DE NINA ! L'AMOUR DE CEMPLIS

Cemplis rêve, les magasiniers s'agitent, parlent, leurs fesses confortablement posées sur de frais, souples et larges sièges d'osier. Gouyonnas, l'imagination en travail, note, contredit. inscrit leurs observations sur les statuts de la fameuse ligue.

Enfin, tout est terminé, paraphé ! Gouyonnas est président de la Ligue des Magasiniers salentais ! Demain, affichage, appel, nouveau tapage ! Tiens-toi, Chanito, les Gouyonnas bougent. Maintenant ce sera la faute à Chanito ??...

Cemplis dort toujours. Nina, espère se trouver un instant seule avec lui et le couve de ses regards étranges.

Gouyonnas, met le comble à ses vœux en proposant aux magasiniers qui se retirent, de les accompagner en ville, recueillir quelques adhésions importantes pour la ligue. Il oublie Cemplis, baise au front Nina et frétillant de joie, d'ambitieuse espérance, il part vers Salente avec les magasiniers.

Magasiniers, éternelles dupes ! Les meilleurs payeurs d'impôts, ls plus tondables, les plus tondus, les plus bernés, les plus trompés des citoyens de toutes les républiques ! ! !

Ils partent, sur la belle route de la Corniche sans rien apercevoir des belles choses qui ravirent Cempli. L'ignorance, obscurcit leurs cerveaux : ils marchent, les perpétuels mécontents, vers Salente !

Nina a fermé doucement la porte, elle regarde Cemplis, dormeur.

En sa crvelle de femme coquette et belle, roulent des espoirs passionnés, des curiosités de sensations nouvelles, dominée par un état d'excitation nerveuse, un aiguillonnement de la chair, un frémissement, qui, des pieds à la tête, la rendent palpitante et suffoquent sa respiration.

Pauvre Gouyonnas, qui laisse calmer par d'autres des ardeurs si vibrantes.......... péchère ! ! !

Nina est anxieuse, elle a pris un miroir d'argent poli. En un tour de mains, elle ébouriffe un peu, sa brune couronne de cheveux : elle avive les cils de ses yeux enfiévrés ; elle dégraffe, le léger péplum qui couvre sa gorge ferme et blanche, découvrant un peu

de nu, aux belles attaches de ses épaules notelées. Nina est prête au combat, elle s'approche du dormeur, s'accoude un instant près de lui..... un léger attouchement caresseur réveille Cemplis.
Nina est inqiète ?. ?...

CEMPLIS, *d'un regard demi-éveillé, a compris !* *Il est près de l'écueil, maintenant inévitable !* — Où sont les ?... (*Il cherhce les autres.*)

NINA. — Partis !... Nous sommes seuls, M. Cemplis ! (*elle rit de la mine déconfite de Cemplis. Elle ose !... Elle prend la main de Cemplis et superbe sûre de sa triomphante beauté*). Je ne vous fais. pas peur M. Cemplis ?

CEMPLIS. — Si... Vous me faites peur !

NINA, *surprise.* — Comment ? (*Elle lâche la main*).

CEMPLIS. — Nina, je n'aime pas faire le mal ! Je suis l'hôte de Gouyonnas, il m'est pénible de...

NINA, *dépitée, menteuse et audacieuse.* — Que pensez-vous donc, M. Cemplis ?...

CEMPLIS, *a repris possession de lui-même, il met son regard tranquillement énergique dans les yeux courroucés de Nina et lui jette ces mots en réponse à son audacieuse question :* — Nous n'avons pas, chère madame Nina, la même conception de l'amour. J'aime aimer et j'aime être aimé autrement que vous !

NINA, *intriguée, abandonnant ses secrets et folâtres projets. Nina veut savoir ce que cet homme singulier pense de l'amour.* — Dites, M. Cemplis ! (*pressante, lui reprenant la main, mais la passion faisant place à une curiosité sincère, un peu angoissée*). Oh ! dites, M. Cemplis !

CEMPLIS *se sent vainqueur, l'écueil est évité ! A son tour, il prend la main de Nina dans ses deux mains et familièrement, en ami, il ose dire sa pensée, toute, sans restriction, malgré les rougeurs et les étonnements de Nina.* — Combien de femmes cherchent le contact de deux épidernmes et l'éternelle petite secousse ?... Combien de femmes se croient aimées, quand l'homme se sert de leur corps comme d'un jouet vivant ? ! Combien croient avoir aimé, sans jamais avoir connu les joies de l'amitié caressante, de la vie, de la pensée à deux ?

Réfléchissez, Nina, aux femmes quêteuses de regards dans les rues de Salente. Elles se parent, ruinent leurs maris ; elles portent les étoffes les plus rares, les bijoux les plus brillants, ciselés dans l'or et taillés dans les perles ; elles laissent le logis, la famille, le repos tranquille ; elles se veulent plus belles qu'elles ne sont, pourquoi ?

Pour l'amour ?

Non, Nina, par orgueil mauvais, par méchante cruauté ! (*Nina paraît surprise.*)

Ces femmes parées veulent exciter l'envie ! Il leur plaît d'être jalousées par les pauvres ; d'écraser les autres par leur beauté de façade ou leur luxe insolent. Voilà pourquoi la plupart des femmes cherchent à être belles et parées !

— NINA, *de plus en plus surprise.* — Mais c'est vrai ! C'est vrai, ça.

CEMPLIS. — Oui, Nina, c'est tristement vrai ! Le besoin d'être envié. Orgueil mauvais ! La jouissance de la souffrance des autres, méchante Cruauté ! Voilà les pensées dominantes chez ces femmes. Cependant elles sont courtisées ! Hélas, il est en grand nombre, des hommes sots, fats, orgueilleux qui veulent posséder et surtout paraître posséder, ces monstres parés et endiamantés.

Il existe, en grand nombre des hommes cruels et spéculateurs. Tous les philosophes connaissent le célèbre Sadi, qui perçait de son épée, la femme attachée sur son lit et la prenait quand la souffrance tordait les muscles de la malheureuse ; sa jouissance était faite de la souffrance de l'autre.

Nina, laissez-moi vous dire le dégoût éprouvé

par Cemplis au spectacle des camaraderies, si nombreuses à Salente et ailleurs, dans lesquelles un ami cherche la confiance de l'autre, pour le duper et l'exploiter. En amour, lorsque deux êtres se rapprochent pour prendre la plus forte quantité de jouissance possible, sans songer à la joie, au bonheur de l'autre, ce n'est pas l'amour, c'est la duperie, c'est la spéculation.

Ne parlons pas des brutes qui excitent et tendent leurs nerfs par des chatouillements grossiers et se prennent, chacun pour soi ; se quittant aussitôt après le spasme, sans reconnaissance aucune, sans autre souvenir que celui d'une forte secousse de leurs nerfs excités.

NINA *rougit, elle prenait Cemplis pour un timide.*

CEMPLIS. — Toutes ces façons d'aimer Nina, ne sont pas le bonheur et répugnent à ceux qui ont connu l'amour, précédé et suivi de l'amitié dévouée et délicate ; la joie pour deux êtres de se donner le plus de bonheur possible ; la recherche ensemble des caresses heureuses ; la volonté mutuelle d'éloigner tout souci, de diminuer toute peine éprouvée ! Cet amour existe et fait paraître les autres bien grossières et bien petites. Comme les bijoux d'or et les étoffes soyeuses, n'ajoutent rien à ces amours ; vous ne les voyez point passer dans les rues de Salente ; ils n'ont pas besoin des bénédictions pompeuses des prêtres de Baal, ni des serments attacheurs des magistrats du municipe.....

Mon maître Michelletti, sur ce sujet.....

CEMPLIS *s'arrête. Nina a fermé les yeux et s'endort à son tour sur la balustrade ajourée.*

Souriant, Cemplis contemple cette belle créature à cerveau obtus, ignorante, qui tout à l'heure l'écoutait, fiévreuse, lorsqu'il parlait de la matérialité de l'amour, de ses spasmes et de ses grossièretés, puis, s'endort lorsqu'il parle de joies plus délicates. Il pense, Cemplis, aux cerveaux vides des Nina et des Gouyonnas, et il quitte cette maison si riante, si jolie, dont les hôtes ignorants gâtent le charme. Sur la route, son esprit se repose du spectacle odieux de la bestiale passion et de l'ambition imbécile, en contemplant ces autres spectacles, toujours renouvelés : la mer, et ses multiples aspects : les collines verdoyantes et les jardins fleuris. Il va, Cemplis, vers sa modeste maison, si petite, que seulement quelques amis peuvent y tenir, mais il est certain d'y trouver l'amitié affectueuse et le bonheur tranquille. Le cénacle où tous pensent, où la philosophie règne, où l'on bâtit des systèmes, non pour satisfaire des haines mauvaises, des intérêts vils, des passions, des orgueils ou des cruautés, mais pour aider l'avènement du Juste et pour détruire l'erreur ou le mensonge.

Marseille. — Imp. Générale Aug. Achard, 1, 3 & 5, rue Chevalier-Roze.

www.ingramcontent.com/pod-product-compliance
Ingram Content Group UK Ltd.
Pitfield, Milton Keynes, MK11 3LW, UK
UKHW022143070726
13613UKWH00003B/1413